煙鳥怪奇録
足を喰らう女

煙鳥／編著・怪談提供
高田公太、吉田悠軌／共著

竹書房
怪談
文庫

※本書に登場する人物名は、様々な事情を考慮して一部の例外を除き仮名にしてあります。また、作中に登場する体験者の記憶と体験当時の世相を鑑み、極力当時の様相を再現するよう心がけています。現代においては若干耳慣れない言葉・表記が登場する場合がありますが、これらは差別・侮蔑を意図する考えに基づくものではありません。

装画　綿貫芳子

巻頭言

煙鳥

怪談収集家の怪談語りを怪談作家がリライトする――この『煙鳥怪奇録』シリーズも今回で三冊目となりました。

今回サブタイトルになった「足を喰らう女」は何年にも亘る体験者と僕、そしてとある女に纏わる実話怪談です。この怪談は一通のメールから始まりました。それはインターネットの怪談配信を通じてどんどん拡大していき、僕の代表作とも言えるものとなりました。また、他の怪談も思い出深いものばかりです。取材の最中に起きた僕自身の体験談も、吉田悠軌、高田公太の両名よって命を吹き込まれ、新たに怪談として形を成しました。音声から文章へ。本書で初めて僕の怪談を知った方は次に僕の動画配信による怪談語りをお楽しみいただき、怪談語りを既に御存じの方には本書によって新たな側面にスポットライトを当てられた怪談をお楽しみいただく。それぞれ魅力ある楽しみ方ができると思います。

表紙デザインはシリーズ当初と変わらずイラストレーター、漫画家の綿貫芳子氏の手によって、独自の世界観を形にしていただきました。是非、読者の方には最後まで怪談の世界に浸りきり、日常を忘れる読書体験をしていただければと祈っております。

目次

▲……煙鳥
●……吉田悠軌
■……高田公太

ここで待ってて

煙鳥君はＶＲを使った怪談イベントを催すなど、怪談とＶＲの融合を模索する活動を続けている。

周知の通り、ＶＲはただ映像やゲームを楽しむだけでなく、様々なコミュニティを通じて人々が繋がるソーシャルサービスの側面も強い。

その関係で、何かとマニアックな人たちと知り合う機会も多いらしい。

ササキさんという男性も、その中の一人だ。

尤も彼が何処の地方に住んでいるかなどの具体的情報は、ＶＲを介してしか接していないので、煙鳥君にもよく分かっていない。

つまりこれから紹介する話は、ＶＲ仮想空間にて取材したものとなる。

私・吉田にとっては、その点もまた興味深いところではあるのだが……。

とはいえまあ、話の内容がＶＲと関係するという訳ではないので、こうした取材背景についていったん忘れてもらってもかまわない。

＊

さて、ササキさんの体験談である。

彼は何処かの地方の大きな総合病院にて、作業療法士として働いている。

まず、彼の場合の仕事の流れを説明しておこう。

病院内にて患者が医師の診察を受けると、こちらに内線電話が掛かってくる。

今日の診察の結果はどういった感じであり、どのような治療リハビリが望ましいのか、といった旨の連絡事項を受け取っておく。

その上で待合室に座っている患者の元に出向き、個人確認などの簡単な面談を行う。

そこでいったん患者に待ってもらい、自分は一人で作業療法室に入り、機材や機械などの準備を行う。

再び待合室に戻り、患者を連れて作業療法室に入り、リハビリなどを開始していく。

作業療法士の一般的パターンかどうかは知らないが、ともかくササキさんはそうした一連の流れをこなすようにしていた。

その日も、ササキさんは医師からの内線電話で指示を受けた。

「診察、終わりました。これこれこういう感じでお願いします」

待合室に出向くと、そこで待っていたのは五十歳ほどの男性患者。

いつものように軽く面談した後、

「じゃあ僕、部屋で準備してきますので、しばらくお待ちください」

いつものように患者を待たせ、いつものように作業療法室に入っていった。

今回使用するものの準備を終えるまで、十分も掛からなかったとは思う。

しかし待合室に戻ってみると、あの男性患者が何処かに消えてしまっている。用でも足しに行ったのかと待っていたが、なかなか戻ってくる気配がない。

念の為トイレを覗いてみたところ、そこは無人の空間が広がっているだけだった。

おかしいな……何処かですれ違ったか？

また待合室に取って返し、しばらく待機してみるも、一向に男性は帰ってこない。

もし相手が作業療法室に向かってしまったのだとしても、自分がいなければここに戻ってくるはずだろうに。

何処行っちゃったんだろう……。

次第に、ササキさんの中で焦りが募ってきた。

待合室を離れ、この二階フロア全体を足早に巡ってみるも、やはり例のおじさんは見当たらない。

これはちょっとヤバいな……。

治療中の患者が行方をくらますというのは、病院としてかなり問題視される事態であるそうだ。

当該患者は緊急を要する容態ではないのだが、それでも「病院中が大騒ぎになるほどのトラブル」には違いないのである。

ササキさんはすぐに病院の管理センターへ連絡した上で、方々の部署にも電話を掛けまくった。

「五十歳くらいの、こんな見た目の男性なんですけど！　そちらで見かけたら、自分のＰＨＳに折り返してください！」

後はやきもきしながら待つほかない。しばらく時間が流れ、ササキさんの胃が痛みを訴えかけた辺りで、胸ポケットのＰＨＳがアラームを鳴らした。ひっつかむようにして電話機を取ると。

「ササキさんが探している男性かなと思いますけど」

非常に特徴の似ている人物が、院内のとある扉の前に立ちつくしているのを見かけたらしい。

もしかしたらと思い、先方が声を掛けてみたところ、

「療法士さんから、ここで待つように言われてまして……」

男性は困惑気味に、そう答えたのだという。

「え？　いや、僕もよく分からないですけど、多分その人で間違いないと思います！　今すぐ確認しに行きますので、そこ、リハビリテーションフロアから見てのどの辺りですかね⁉　もしかして外来受付のほうまで行っちゃってますか⁉」

二階エリア近辺に違いないだろうとの先入観でまくしたてるササキさんへ、意外な答えが返ってきた。

「八階です」

「……はい？」

「いや、私のいるところは八階の機材準備室なんですけどね」

看護師かと思っていた相手は、医療事務の人間だった。医療機械その他の製品などを管理している担当者達が詰めている事務室から、電話を掛けてきているのだという。

「ここ、今は患者さんが入ってこられるエリアではないので、余計におかしいなあ、って思いまして」

その詰め所から廊下を挟んだ向かいに、立ち入り禁止の鉄扉がある。件の男性はその扉の前に立っているというのだ。

「は？　いや、そうですか……何でまた八階まで……とにかく向かいます！」

ササキさんが八階に駆けつけると、確かに言われた通りのポイントで、男性患者の姿を発見することができた。

「ちょっと○○さん！　どうしてこんなところにまで……！」

怒りの滲んだ言葉を投げつけそうになったが、その声が喉元で引っ掛かった。

自制したからではない。相手が全く予想外の反応を示してきたからだ。

「あれ、ササキさん、どっから来たんですか？」

男性患者の声には驚きが混じり、その顔つきは心底から不思議そうだった。

「どっから……いや、二階からに決まってるでしょ。僕、さっき作業療法室で準備するからって伝えたじゃないですか」

「はい、それはそうですけど」

「だったら何でこんな」

この質問への回答に、ササキさんは絶句した。

「だってその後すぐ、ササキさんが待合室に戻ってきたじゃないですか」

言葉を継げないこちらを尻目に、男性患者は更に説明を続ける。

「それでササキさん、『こちらです』って私を連れて、エレベーターで八階に行って、この扉まで一緒に来たじゃないですか」

と、立ち入り禁止の表示が大きく貼られた鉄扉を指差して、

「ドアの鍵を開けて、ササキさん、一人で中に入っていったから。私ここでずっとお待ちしてたんですよ」

「ちょ、ちょっとおかしいな。それ本当に僕でしたか？　人違いではなく？」

「当たり前でしょう。その首から掛けてる名札だって同じだし」

何度も念を押して確認したが、相手の主張は筋が通っていて明確だった。自分でない「ササキさん」がいた、という一点を除いては。

その「ササキさん」は、自分が持っているはずのない鍵を使い、この立ち入り禁止の扉を解錠し、奥へと入っていってしまった。

また、男性患者が他の病院スタッフを自分と勘違いしたのだろう……と強引に解釈したとしても、それで説明が付く訳でもない。

「だって、ここの鍵を持ってるスタッフなんて誰も……」

そう言いながらササキさんが扉のレバーに手を掛ける。しかしレバーはガチャガチャと短く動くのみで、明らかに固くロックされている。

「あれ？　おかしいな。ササキさん、先ほど鍵なんて閉めていかなかったのに」

「でもここはもうずっと使っていないエリアなので、鍵も常時掛かったままなんですよ」

おかしいなあ変だなあ、と男性は首を捻りながら、

「あのときササキさん、鍵を開けて向こう側に入って、そのまま行っちゃったから、このドアはゆっくり自然に閉じていったんですよ」

「そのまま、黙って去っていったんですか……？」

「あ、いや、正確にはそうじゃなくて」

去り際、その「ササキさん」は扉の向こうから顔だけ出して、男性患者にこう告げたそうだ。


「ここで待っててください。しばらく経ったら迎えに来ますから」


だから私ずっとここで待ってたんですよ、と男性が言った。

ササキさんは背筋に寒気が走り、これ以上何か問いただす気も失せた。

「……そうですか。とにかく時間も押してるから、早くリハビリ始めましょうね」

その立ち入り禁止の鉄扉の奥には、短い通路と幾つかの部屋が放置されたままになって

いる。

そこは昔、終末期医療のホスピスとして使われていたエリアだったのだ。

考えすぎかもしれないが、こうした状況を複合してみると、ササキさんは嫌な予感に襲われてしまうのだという。

自分とそっくりな奴が、ホスピスだった場所に患者を案内した。

「ここで待っててください。しばらく経ったら迎えに来ますから」

と告げて。

当の男性患者は、重い病気を患っている訳ではない。現段階では終末期医療などとは無縁の容態だ。

しかし、もしかしたら、そう遠くない未来に急変することもあり得るのだろうか。

あるいは未発見の病気がないかどうか、精密検査でも受けさせたほうがいいのだろうか。

とはいえそれは家族でも担当医師でもない作業療法士の自分が、アドバイスできる類のことではない。

それが、ただの杞憂(きゆう)であるのかどうか。

ササキさんの体験から、私がこの文章を執筆している現在まで、まだ二カ月ほどしか経っていないので、何ら答え合わせはできていない。

＊

以上が、煙鳥君のＶＲ仲間の身に起こった体験談である。

本書のラインナップの中でも、煙鳥君はこの怪談がお気に入りの様子で、

「僕、この怪談凄く好きなんですよね。何か良くないですか、この話」

私との取材中、何度もそう繰り返していた。

確かにいい怪談だと思う。

しかし煙鳥君は、この話と「幸福な出会い方」をしたからこそ、プラスの相乗効果が高まっているのではないかと、私は思う。

先述通り、この体験談はＶＲの仮想空間内にログインしている煙鳥君のアバターが、サキさんのアバターからボイスチャット機能で取材したものとなる。

……もう一人の自分と、閉ざされた空間……。

その取材風景は、語られた怪談と何処か似通ってはいないだろうか。

怪談とは、いつも語られるその場その場で新しく生成されるものだ。

たとえ同じ話を同じ語り手が語ったとしても、その都度いつも異なる話として生成して

しまう。

それは怪談を語られる「場」が、その都度いつも異なるからである。

この怪談にとっての幸福な場とは、まさしくＶＲ空間のアバターが集う場だったのではないだろうか。

蛇足かもしれないが、私にはそう感じられたのである。

残像

小田瑠璃は小学校から帰った後、いつも一人で遊んでいた。

両親は仕事で帰りが遅く、祖父母もまた、日が暮れるまで畑に出ていた。

曽祖父が存命だった頃は、寂しがる瑠璃の遊び相手をよくしてくれていたものだった。

学校の友達は皆、彼女の家から随分離れたところに住んでいる。


小田家は江戸時代から続く旧家で、元々広い上に増改築を繰り返してきた屋敷はかなりの面積を持っていた。

そして、その古く大きな家は、一人ぼっちで時間を潰す子供の不安を大いに煽った。

剥き出しのますますっかり黒く煤けた天井の梁や、床の間に飾ってある狐や雉（きじ）子の剥製が、家族といるときの姿とまるで違って見える。当たり前の風景が、妙に異様な雰囲気に感じられてしまうのだ。

帰宅した瑠璃は不気味な屋内で過ごさないよう、外に出るようにしていた。

庭でボール遊びをしたり、縄跳びをしたり、わざわざ家の外で家族の帰りを待ったりもした。

曽祖父が他界して二年が経った夏。

その日も瑠璃は独り、庭にいた。

何が目的ということもなく、空で輝く夕方の太陽に目を遣る。

夏は日が落ちるのが遅い。

暗くなった時間に独りでいるのは大嫌いだ。

あんな風にずっとお日様が輝いていたらいいのに。

そんなことを考えながらしばらく太陽を見ていたところ、図らずも陽光の残像が目に焼き付き、黒点が視界に残った。

何処を見てもチカチカと黒い丸が映り込み、いつもと違った世界が広がる。

瑠璃は思いがけず起きたこの現象に楽しさを覚え、辺りをきょろきょろと見回しては、残像を色んな場所に置いてみた。こうして不思議な黒点が瑠璃の気持ちを高揚させる。

このチカチカを太陽に重ねたらどうなるんだろう。

太陽が黒くなるのだろうか。

まだ太陽を長時間見ることの危険性を知らない瑠璃は、そう思った。

早速黒点と太陽を合わせようと、瑠璃は空を見上げた。

しかしどうにも漂う黒点の位置が定まらず、ぴったり重ねるのが難しい。

意地になって眉間に皺を寄せながら太陽を睨み続けると、ようやっとそれらは重なった。

すると、視界のちょうど光と残像が合った箇所に、曽祖父の笑顔が浮かんだ。

あれ。爺ちゃんだ。

想像もしていなかった像の出現に驚いた瑠璃は、さっと目を逸らす。

どういうカラクリで爺ちゃんの顔が。

でも、大好きだった爺ちゃんにまた会えた。

もう一度合わせたら、また会えるのかな。

瑠璃はこの珍事が再び生じることを求め、また太陽に目を向けた。

黒点はまたしばらくゆらゆらと揺れるが、諦めずにいると結局は合う。

そして、顔がまた現れる。

次に出てきたのはつい先日亡くなった、近所に住んでいた婆ちゃんの顔だった。

だがパッと華やいでいた爺ちゃんのそれと違って、婆ちゃんの顔には表情は皆無。

なんにせよ、この婆ちゃんには用はない。近所に居を構えていたとはいえ、近親者でもない人への馴染みは希薄だ。

次に太陽を見ると、近年に事故で死んだ同じ集落の若い男が現れた。

それからは病気でこの世を去った親戚達が何度か現れ、懲りずに続けると最早見ず知らずの顔ばかりが浮かんでくるようになった。

爺ちゃん以外は、誰もが無表情だった。

「瑠璃ちゃん。ただいまあ」

そろそろ日が落ちようかという頃、畑から祖母が帰ってきて瑠璃の遊びは終わった。

翌日も翌々日も太陽遊びをしたが、顔が出てくることは二度となかった。

その太陽遊びのせいか、瑠璃の両目の視力は大人になった今も極端に低いままだ。

ブランコ

和代さんが小学生の頃。

家の近所の寺の敷地にある公園で、ブランコを漕ぎながら友達を待っていた。

寺の後ろには墓地が広がっている。

友達はなかなか現れない。

「お母さあん、お母さん、どこお?」

墓地から子供の声がした。

振り返って視界に収まった幾つもの墓を見回してみるが、人の姿は見えない。

「お母さん。お母さんどこ?」

確実に墓地の何処かにいるのだろうが、こうも大小様々な墓があっては自分のような子供なぞすっぽり隠れてしまい、ちょっとやそっとでは見つからないだろう。

「お母さあん、どこお?」

「お母さん、ここよ」

やっと子供の母の声がした。

「どこ？」

「ここよ。お母さんはここよ」

「お母さん、どこお？　どこお？」

「ここよ。お母さんはここよ」

子の姿も母の姿も確認できないまま、そのやりとりがいつまでも聞こえ続けた。

この親子はいつ巡り会えるのだろう。

「どこ？」

「ここよ」

子供はまるで母の声を無視しているように場所をしつこく訊ね、母はといえば子に会えない不安さを微塵も感じさせない口調で、ただ穏やかに返事を繰り返している。

「どこ？　お母さん」

「ここよ。お母さんはここよ」

和代さんは背後でしつこく続く、姿が見えない親子の声に気が滅入り、とりあえずこの場から離れようとブランコから降りた。

がずん！

じゃららっ！

和代さんの足が地に着いた刹那、隣のブランコをぶら提げていた二本の鉄の鎖が千切れ、座板もろとも地面に轟音を立てて落下した。

姉は見た

田尻さんが専門学校に通っていた頃の話。

彼女はその晩、実家の一階リビングにある大型テレビでゲームをしていた。

二階には弟がいて、両親は所用で外出している。

何となしに目線を漂わせていた折、ふと窓の外に光るものがあることに気が付いた。

何かと気になり、窓越しに外を注視すると、光源は向かいの家の二階にあることが分かった。隣家の二階に光。通常ならば何の異常もない事態である。

だが、田尻さんは訝しむ。

これまでに近所の家の灯が、この窓から見えたことがあっただろうか。

そもそもあの家の二階の窓は、この角度から見えないはずだ。

光源はゆらゆらとたゆたっていた。

距離があり、光の周辺に何があるのかは見当が付かない。分かるのはあの家の壁の高いところに、見慣れない光があるということだけだ。

揺れる蝋燭の火……いや、あの大きさなら松明があそこで燃えているのかも……。

でも、あそこにはベランダの類はなかったと記憶している。

ならば、火事。

火事が起きているのか。

隣家の火事に気が付いてしまったということか。

そうとなれば即座に一一九番を、となるにはまだ若い田尻さんの決断力が及ばない。

本当に火事かどうかも決定的な判断ができていない。

まずはベランダがある弟の部屋に向かう。

「ちょっとごめん、何か向かいの家が変なのよ。火事かも！」

「え！　姉ちゃん、マジか！　ヤバいじゃん！」

二人はこの事態に興奮しつつベランダに出た。

そして、ほぼ真正面からその炎に対峙する。

火の粉を散らすそれは、大人の手のひらほどの大きさを擁していた。

明らかに炎の塊であることは間違いないのだが、これほど近付いてみても何が燃えているのかはさっぱり分からない。

電線が走っている訳でもなければ、壁に何かが掛かっている訳でもない。

それなのに炎の塊が燃えている。

「見てよ！　あれ、何？　火事って言っていいのかしら！」

「え！　え！　どこどこ！　何処で燃えてるの！」

「何処って、目の前じゃないの！　あの炎の塊！　火の玉みたいなあれ！」

「姉ちゃん、何処のこと言ってるの？　どっち側？」

いや、だから……と弟の認知能力の欠如に呆れていると、通りを走る車のエンジン音が聞こえヘッドライトが辺りを照らした。

すると、そのライトに上書きされるように炎は小さくなりそのまま消えた。

現れた車を運転していたのはまさにその家の者で、ガレージに車が収まった後にはバタンと運転席のドアが閉まる音が聞こえた。

この話に後日譚の類はない。

雪夜の声音

……おええあんあよ、あんあええあんあ、うあえんあ……。


不愉快な音が、さっきから耳について仕方ない。

高音と低音の混じった、絶妙にイラつく不協和音。

とはいえこれは誰のせいでもなく、俺自身が出している物音なんだから、何処にも文句は付けられない。

もしこの音が聞きたくなければ、いったん歩くのを中断すればいいだけの話だ。

その証拠に立ち止まってみれば、ほらね。

ピタリとやんで、何も聞こえなくなった。

しかしずっとここに佇んでいたら凍え死んでしまう。

仕方なく歩きだしたとたん、ほらまた。


……ぶいおおうぞ、あっえみおお、やえうおんあ……。

一年ぶりに帰省した、この東北の田舎町の、駅から実家までの道のり。

今夜は雪が降りしきっていて、辺りには人も車も見当たらない。

その他の雑音は全て雪が吸ってしまい、何処までも静かな夜が広がっているばかり。


……えめえばあじゃねえの、あんえおえがばあああんあよ……。


だからこの耳障りな音だけが、ひたすら鳴りわたってしまうのだ。

尤もそれは、自分が雪を踏みしだく足音と、キャリーケースを転がす音に過ぎないのだけども。

東京暮らしなので、ここまで積もった雪道をゆくのは一年に一度の帰省時しかない。

そしてまたキャリーケースについては数年ぶりに引っぱり出したので、ここまで傷んでいるとは思わなかった。

車輪が転がる低い音と、シャフトや持ち手の金属部分が軋む甲高い音など、あちこちから雑音を量産する道具になってしまっている。

それら音響がこの静かな夜に組み合わさり、悪い意味で奇跡的なリズム・メロディ・ハーモニーを奏でてしまっている。

もうこれはあれだ。雑音というよりも、まるで人間がべちゃくちゃ喋っているような「声」に近いじゃないか。

それも一人じゃなくて、二人だな。

どうしてそうなるのか知らないが、別々の人間の声色が交互に聞こえてくるような感じで、一層気持ちが悪くなる。


……くそあんだよくそ、はああ？　くそはおめえあおくそが……。


いや、ちょっと待て。

思わず足を止める。

とたん、例の音もやむ。

風もなく鳥も鳴かず、辺りはしんと静まりかえっている。

この音。段々はっきりしてきていないか？

いやいや、音じゃなくて、「声」。

男の声と女の声が、口汚く喧嘩しているような……。

今、明らかに、そんな風に聞こえたよな？

周囲を見渡してみる。

しかし近くを歩く通行人の姿も、ましてや口論している男女の姿など、何処にも一切見当たらない。

もう駅前からしばらく歩いた先の、森の中の小道に入っている。

地元民でもこんなところは夜に出歩かないのだから、誰もいなくて当然だ。

ここは俺が子供の頃からずっと手つかずで残されている森だ。

夜になれば背の高い木々が真っ黒い塊に見えて、少々気味が悪い。

とはいえ真ん中を抜ける道は舗装されているし、街灯も幾つか設置されている。

他の人間はともかく俺自身は、どんな真夜中でもこの近道を通って実家に帰る。もう慣れっこになっている。

そのはずなのだけど。

今夜だけは、自分の両脇で、まっすぐ静かに立ちつくす木々がやけに恐ろしい。

葉も揺れず積雪も落ちず、辺りはしんと静まりかえっている。

意を決して、足を大きく前へと動かした。

強く雪を踏みしめた、その勢いのまま全力で走りだす。

こうなってみればよく分かる。

靴が雪を散らす音と、キャリーケースの車輪が跳ねる音がしっかり聞こえる。

この音は、いやこの声は、それらとは別に響いている。


……てめえくずがふざけんなぶちころすぞ、おめえこそしねかってにしねどぶくそが。


こちらの走る音に対抗するかのように、男女の言い争いはどんどん大きく声高になっていく。

しかもそのボリュームの増大につれて、声にこもる怒りや憎しみまでもがヒートアップしていくのが分かる。

声から逃げるため、更に速度を上げて走る。

すると声は更に激しさを増して追いかけてくる。


しね！　くそくずしねしねしねしね！　くそぼけ！　ころす！　ころすころすころすころすころすころすころす！

息が切れ胸の鼓動が高まり筋肉が悲鳴を上げ、もう限界に達したところで。

森を抜け、広い県道に出た。

少し先には、実家の建物も見える。

思わず膝が脱力し、立ち止まる。

と同時に、あれほど激しく言い争っていた声が、停止ボタンが押されたかのように一瞬で消え去った。

「……」

いつしか雪もやんでおり、辺りはしんと静まりかえっている。

「……なんだよ、もう」

と呟いた、その瞬間。


はははははははははははははははは!


耳をつんざくほどの笑い声が、すぐ後ろで響いた。

先ほどの声とは比べものにならないほどに大きく。

男でもなく女でもなく人でもないような。
何がそこまで楽しいのかという笑い声が、森いっぱいに響いている。
そんな笑い声とともに、木々の葉や幹が一斉に、右へ左へ大きく揺れている。

ははは……。

一歩よろめいたところで、笑い声はまた突如として停止した。
後に残された雪の夜は、ひたすらしんと静まりかえっている。

分身さん

分身さんやろうぜ。
やろう、やろう。
紙と赤ペン持ってきて。
やろう、やろう。

武史が通っていた小学校では「分身さん」という遊びが高学年の間である時期流行していた。

分身さんは本書を手に取った者なら恐らくは説明不要の「こっくりさん」から派生したもので、数字と五十音、はい、いいえを記した紙の上で参加者皆が握ったペンを滑らせるのがそのやり方だ。

本家と大きく違う点は、遊びの終わりに「何枚に紙を千切りますか?」と分身さんに問いかけ、指示された数に紙を千切って燃やすことと、生者死者問わず誰でも呼び出せること。本家の終わり方が「こっくりさん、お帰りください」と伝えた後、使用した硬貨に何かしらの細工をする程度であったことを思うと、分身さんにおける〈燃やす〉という工程はなかなかに本格的なムードが漂う。〈誰でも呼び出せる〉のも話題に幅が生まれて本家より盛り上がりやすいといえる。

武史の学校での分身さんにさらにはローカルルールが付与されていて、赤ペンを使うのが主流だったそうだ。

この魅力的な分身さん遊びは、低学年にとっても興味深く映っていたようで、ある日の放課後、武史ら三年生の男子達も決行することになった。

「やろうやろう」

夕方の教室には武史を含め男子四人がいた。

その場では比較的達筆だった朋彦が赤ペンを持って紙を作成しだすと、五分後には最前列窓側の机の上で分身さんの準備が整った。

「誰を呼び出す？」

「加藤先生とか？」

「三組の慶子はどうかな？　好きな人とか聞けるんじゃない？」

あくまで遊びのつもりではある。

とはいえ、幼い彼らにとって遊びと儀式の境は曖昧だ。

彼らはまだ現実と虚構を自由に旅する免許を持っていた。

未知の世界への好奇心が行動の促進力の最たるものだった。

高学年への憧れも手伝い、場の高揚感が四人を包み込む。

「ヒトラーを呼び出そうぜ！」

そう提案したのはリーダー格の慶太だった。

「ヒトラー？」

「誰？」

「知らない？　アドルフ・ヒトラーだよ」

「外国の有名人？」

「……みんな、知らないの？　お父さんが観ていたテレビに映ってたんだけど、とんでもなく悪い奴なんだよ。幽霊になって出てきても、きっと凄いことしでかすからさ。怖いことすると思うよ」

「へえ！　それは面白そうだね！」

「じゃあ、ヒトラーだね！」

目標が決まると四人は机の各方に立ち、赤ペンを握った。

武史もヒトラーの何たるかを微塵も知らずにいたが、それもまた一興と目を輝かせた。

慶太はいつも冴えた提案をするので、信用できるのだ。

「ヒトラーの分身さん、ヒトラーの分身さん、来てください来てください。来てくれるならペンを〈はい〉のほうへ動かしてください」

全員で声を揃えて呼び出しの文言を唱えると、四重の小さな手で握られたペンはゆらゆらと紙の上を動きだした。

儀式が成功している手応えが、皆を暫し黙らせる。

最初のうち各々が浮かべていた半笑いは、ゆっくりと消えた。

誰かが手に力を込めているのかもしれないという野暮な疑いを、誰一人抱いていないようだった。

が、ペン先は出鱈目に文字の上や文字と文字の隙間を縫って意味の通らない文字列を紡いでいくばかりで、一向に〈はい〉に至らない。しばらくその不毛な動きが続いていると、当初は固唾を飲んで見守っていた四人の集中力もあえなく散っていくこととなった。

「外国人だから、言葉が分からないのかも……」

「そっか。そうかも。ドイツ？　ロシアだっけ？　そうだね。日本語が分からないと思う。

うん。外国の人だもんね……」

慶太がヒトラーの分身さんを呼び出すのは難しいと判断すると、場は更に白けた。

「もう終わろうか」

「そうだね。暗くなってきたから帰ろう」

想像していたような盛り上がりはなく、早く家に戻ってテレビでも観ていたほうがさぞかし楽しかろうと武史は思ったが、一同にはまだ分身さんを終わらせる作業が残っていた。

「ヒトラーの分身さん、何枚に紙を千切ればいいですか」

また声を揃えてそう訊くと、ペンはやっとスムーズに動き、

〈1〉

を指した。

「え、千切るなってこと？」

「そ、そういうことじゃない？」

「だよね……だよね」

一同は想定していなかった分身さんの指示に戸惑った。

千切らない、という選択肢でもヒトラーの分身さんは何処かに帰れるのだろうか。

「そうだ……よね。一枚でいいってことは、千切らないってことだよね。よし、このまま

終わろう。紙はぼくが持って帰るよ。燃やしておくからさ」

慶太がそう言うと、皆はペンを離して嘆息した。

武史は力が抜けた五指の関節の疲れをふと感じ、「何か変だね」と言った。

その後、家路に就いた武史は道中で会った友人と話し込みながら歩いているうちに、すっかり分身さんのことを忘れてしまった。

家に戻ってからは夕飯をたらふく食べたのち、テレビを観た。

そして消灯後、子供部屋の床に着く。平均的な小学生の一日がこうして終わるはずだった。

その夜は妙に寝付けず、どうにも身体全体が熱っぽく感じた。

とはいえ、酷く体調が優れない訳でもないので、ただ目を瞑ってごろごろと寝返りを反復する。

しばらくそうしてようやく睡魔が訪れたかというとき、武史は上半身をぐいと引っ張り上げられた。

あっ。

と思う間に布団の上で上半身のみを起こされ、強制的にL字型の姿勢にさせられた。

何者かに両腕を強く掴まれている感覚が確かにあった。

蛍光灯が点いていなくとも、カーテン越しの薄明かりはある。

部屋の暗さに目が慣れていないとはいえ、腕を掴む何者かのシルエットくらいは既に見えていいはずなのだが、まだ見えない。

見えない。

見えない。

幾ら目を凝らしても見えない。

いない。

いない者が腕を強く掴んでいる。

いない者が武史の腕を力ずくで動かそうとしている。

夢じゃない。

寝ぼけている感覚は全くない。

それは武史の片腕を上方に持ち上げた。

この後、何をされるのだろう。

そう思った矢先、その猛威はすっと消えた。

「武史もなの！」

「え！　朋彦も？」

「そうだよ！　俊行もだよな！　なあ、腕を引っ張られたんだよな！」

「そうそう！　ぼくも！　姿が見えないんだよ！」

翌日の教室で対面したクラスメートの分身さん組の三人は、昨晩一様に同じ体験をしたことを報告し合い、驚きを共有した。

しかし、慶太だけは違った。

「ぼくは……夢を見ただけだな」

慶太は真っ白い部屋にいる夢を見たのだという。

「ぼく、そこで神様に会ったんだよ」

「え？　夢だけなの？　神様？　掴まれたりしなかった？」

「ううん。夢を見ただけ。怖いことは起きなかったたな」

「神様？　どんな神様なの？」

「白くて、光ってて……途方もなく大きくて……ぐるぐるしてて……あれはどうやって言葉にしたらいいのか分かんないよ」

「渦巻きみたいなの？」

「渦巻き……ううん。うねってるから、そうかな。でも、ほんと大きいから、全体が分かんないんだよ」

「それが神様なの？」

「それが神様。神様なのは間違いない」

「へえ。何か凄い夢。それで、夢の続きはどうなったの？」

「続きは……ないよ」

慶太は神様と対峙すると、すぐさま目覚めてしまった。

そして、まさに啓示を受けたように（お祓いをしなくちゃダメだ）と思ったのだという。

もう一度眠りにつき朝を迎えてから勉強机を見ると、前日に家族の目を盗んで燃やしたはずの分身さんの紙が、元通りのままそこにあった。

「で、それがこの紙」

「燃やしたのに？　あるの？」

「燃やしたんだよ。これは本当。なのにあった。これも本当」

皆で検めると、紙には確かに朋彦の手による癖のある字が記されていた。

紙の下方右隅に少しだけ付いた焦げ跡が、慶太の話に信憑性を与える。

「これ……ヤバくない？」

ガヤガヤとした朝の教室の喧騒が恐怖心を和らげているものの、武史は己の胸中がざわめいていくのを感じた。

「うん。あり得ないよね……。でも、お祓いのやり方が分かったから大丈夫だと思う。神様が教えてくれたんだ」

「じゃあ、お祓いしないと！」

「神様が助けに来てくれた！」

三人は慶太に早くお祓いをしようとねだった。

「じゃあ、紙の端っこをみんなで持って。それで、ぼくが『いっせーのっでっ』て合図したら、一気に真ん中に寄せて一緒に丸めてよ」

「分かった！」

「やってみる！」

「早くやらないと先生が来ちゃうよ！」

いっせーのっ。

でっ！

机の上に載せた紙を皆で四方から丸めて中央に寄せると、慶太はそれを更に小さく何度も折り、予め準備していた円錐型の小さな透明ケースに入れた。

「そのケースは何？」

「カメラのフィルムケース。お父さんのを持ってきたんだ」

「それが、神様から聞いたやり方？」

「うん。聞いた訳じゃないけど……分かったんだよ。教えてもらったのは間違いないけど、聞いた訳じゃない。うん……これで大丈夫だと思う。多分、この中に入った。このケースはぼくが持って帰るね」

何が中に入ったのだろうと武史は思ったが、慶太の満足げな様子からお祓いが上手くいったことが窺え、自然と安堵の息が漏れた。

それから、幾年月が経つ。

武史はある日、アドルフ・ヒトラーをテレビで見かけ、かの有名な「ハイル・ヒトラー」のポーズを目にする。

そして、あの日三人が見えざるものの力強い手で強制的に取らされたポーズを思い出し、

「まさか……」

と独りごちる。

慶太は現在、占い師として活動している。

よく当たる、と評判が評判を呼び、名をここに記せないほどの有名人となっている。

議事録

本書における煙鳥怪談の取材は、（私・吉田パートについては）全てインターネット通話を介して行っている。

福島県在住の煙鳥君と、東京にいる私・吉田という遠距離コンタクトも、現代では軽々とこなせるようになった。

もう少し詳細を知らせておけば、ボイスチャットサービス「Ｄｉｓｃｏｒｄ」に双方がログインする形で通話している。勿論「Ｄｉｓｃｏｒｄ」内で録音することも可能なのだが、私が行っているのは「空気録音」と呼ばれるやり方だ。

私のＰＣスピーカーから流される煙鳥君のクリアな音声を、スマートフォン「Ｐｉｘｅｌ６ａ」をレコーダー替わりにして録音する。同スマホの優秀な文字起こし機能を使って、リアルタイムでテキスト化するためだ。

私の最近の取材は、この文字起こし機能に随分助けられている。

かつての怪談取材といえば、喫茶店で対面してメモ帳に速記するか、テープ録音から文字起こしするしかなかった。ミミズののたくったような手書き文字は、自分自身ですら解りもした。

読が難しかったりもする。またレコーダーの不具合や周囲の騒音で声が聞き取れなかった
もう少し後の時代でも、体験談を聞きながら必死にパソコンやデジタルメモ機器をタイピングする苦労があった。タイピングが追いつけなかった箇所を体験者さんに聞き返したり、戻って語り直してもらったり……。

「そこらへんの労力を割かずに済む現代は、実話怪談の聞き取りも大変便利になったものだねえ」

などと、取材の合間の余談として語っていたところ、

「あ、ちょっと録音っていうことで思い出した怪談があるんで、その話もしておきましょうか」

煙鳥君の記憶の扉が開いたようだ。

「音声認識とか、そういったアプリなんて全然なかった、皆が苦労していた頃の話ですね」

といっても怪談取材に纏わる体験談ではない。

体験者は製造業の会社に勤めるサラリーマン。仮に名前をノボルさんとしておこう。

ノボルさんはその日、会議の議事録係に任命された。

十数名程が囲む会議テーブルの末席に座り、出席者達の会話を聞きながらノートにメモ書きし、同時にICレコーダーでも録音していく。

そして会議終了後には、それらの発表や会話を議事録として意味の通る形にまとめなくてはならないのだが。

この目的において言えば、当日の会議は最悪だった。

まず商品開発の今後についての議論が大変に紛糾した。それも論理的に話し合えばいいのだが、重役達含め参加者全員が途中からヒートアップしていき、発言にも感情的な熱が帯びていく。

というかそもそも、ノボルさんの証言によれば、その会社はガラの悪いブラック企業なのである。

発言者が喋っている途中、話の腰を折る形で別人が口を挟んでくる。口汚いヤジが飛ぶ。悪意のこもった爆笑がさんざん入ってくる。

……これ、どうやって議事録にまとめればいいんだよ……。

必死にノートを取るノボルさんだったが、この時点で既に途方に暮れていた。各会話を順序立てて整理するには、相当の工夫がいるだろう。

さて、ようやく会議が終了した後である。

先述通りブラック体質である会社側からは、日常業務に上乗せして議事録を作るよう指示されていた。なので、ノボルさんが作業に取り掛かることができたのは、ようやくその日の担当業務を全て終わらせた後だった。

既に自分のいるフロアには誰もいない。節電のため照明が落とされた薄闇の中、ノボルさんのデスクにだけライトが灯っている。

……とにかく今のうちに、やれるところまでやっとくか……。

ノートを読みかえしてみるが、やはりあちこち不備や抜けが多い。穴を埋めるため、ICレコーダーに取り込んだ音声を確認しなくてはならない。

レコーダーに繋いだヘッドフォンを頭からかぶり、再生ボタンを押した。

予想通り、秩序だった議論とは程遠い騒音が、両耳に響いた。

人が発表しているにもかかわらず、ガヤガヤと雑多な声がかぶさっていく。

人間の耳は意外と情報を取捨選択してくれるので、現場では発言者の声に集中することもできた。しかし機械による録音で聞き返すと、最早ただのノイズの集合。猿山の猿達の叫び合いのほうが上品かと思えるほどだった。

……これは、酷すぎる。

ノボルさんは大きな溜め息をついて、停止ボタンを押した。初手から完全にやる気をなくしてしまったのだが、流石に作業をぶん投げる訳にもいかない。

気持ちを奮い立たせ、再び再生ボタンを押す。

「我が社の状況がどうのこうの……」「今後の展望がどうしたこうした……」

喧騒の中から、どうにか意味の通る言葉を拾っていく。

「商品開発部門、部長のナイトウです……」

そのうち発言者が変わったのだが、これがまた滑舌の悪いボソボソ声の人物。それまで面識はなかったものの、会議中にも聞き取りづらいなと感じたことを覚えている。

当然、ナイトウ部長の発言部分はノートにも穴が多いのだが、録音でそれを埋める作業もまた困難になってしまう。

「ああ〜もう！」

ノボルさんは両腕を上げ、背中を椅子にもたれかけて、大きくのけぞりかえりながら、気兼ねなく声を上げた。

「めんどくせえなあ、もう！」

無人のフロアいっぱいに愚痴が響きわたる。

と、それと同時に。

うるさい！　うるさいうるさいうるさい！

ヘッドフォンの左右から叫び声が突き刺さった。

思わず跳び上がり、レコーダーを停止する。

「……なんだよ、これ」

タイムラインを巻き戻し、音量ボタンを小さめに合わせた後、恐る恐る、また再生してみる。

「……えー、弊社の開発部門についての項目といたしますと」

ナイトウ氏の低い声が辛うじて聞き取れたと思いきや、

うるさい！　うるさいうるさいうるさい！

例の絶叫が挿し挟まって、その後、

「として発展が見込まれるものであり……」

何事もなかったかのように発表が続いている。

「……開発部門についての項目といたしますと〝うるさい！　うるさいうるさいうるさ

い！〟として発展が見込まれるものであり……」

……ここだけ、何でこんな、おかしな声が……。

上書き録音でないことは、〝うるさい！〟の箇所も環境音が変化していないため分かる。となると現場で響いた声のはずなのだが、ナイトウ部長その他の出席者達が気にしている様子はない。第一、現場にいた自分に、こんな声を聞いた記憶がない。

そして何より。

この絶叫、明らかにナイトウ部長の声なのである。

……いやもう、これ、仕方ないよな……。

結局、ノボルさんは議事録から、その箇所をまるまる削ってしまうしかなかった。だからナイトウ部長の発表はいきなり途中から始まる形になってしまったのだが……。

恐らく上司もほとんどチェックしていないのだろう、提出した議事録に文句が付けられることはなかったのだという。

＊

「この話も、僕、凄い好きなんですよね」

語り終えた煙鳥君が感想を漏らす。

「確かにいいね。起きた怪現象だけ見たら、相当小粒なほうなんだけど」

私もパソコンチェアから身を乗り出して語る。

「そこで終わりじゃなくて、色々な想像が働くよね」

「ですよね。その〝うるさい！〟は、会議にうんざりしているナイトウ部長の心の声が録音されてしまったものなのか。だとしたら『念写』ならぬ『念録音』ですし」

「他にも、ノボルさんの『めんどくせえなあ！』に、時空を超えて返答したとも考えられるよね」

「あ、そっちのパターンもありますね。あとは、ノボルさんの心の声がレコーダーに反響して、ナイトウ部長の声で発信されたとか……」

「いずれにせよ、その怪現象がブラック企業という背景から生まれたものというのが、こちらにもすっと共感できるリアリティがあって……」

などと、二人で会話を連ねていく。

話を聞いた後の感想戦、想像を巡らせる考察大会は、実話怪談の醍醐味の一つだ。怪談マニアである煙鳥君は、そういった意味で話に花を咲かせていたのだろう。

ただ私は、少し違っていた。また異なる理由で、この会話を続けていたのだ。

理由の一つは、とある不審点を確認したかったから。もう一つは、ここで通話を終わらせるのが少し怖かったから、だ。

最初に言及したように、このときの私は「Ｐｉｘｅｌ６ａ」で録音しながらの同時文字起こしを行っていた。

Ｇｏｏｇｌｅ製品及び同社アプリだけあって、いつもならかなり精度の高い文字起こし機能を展開してくれる。

仕組みとしては、まず認識された声がストレートに平仮名表示された後、一秒も掛からず意味の通る文章に変換されるというもの。

ただ当夜に限って、この調子が少しおかしかった。

おかしいと言っても、ほんの少しだけ、だ。不具合やトラブルというほどではない。気にしなければ気にならないほどの、ささやかな違和感。

我々が語っている会話は、いつも通り精度の高いテキストとなって、ちゃんと文章化されている。

しかしその直前、一瞬だけ表示される平仮名の文字列が、その後に変換される文章と、どうも整合性が取れていない。考えすぎかもしれないが、このときの私には、そのように見えていたのだ。

〈へえこわいねそのはなしもっときかせ〉

まるで私のすぐ傍か、煙鳥君のすぐ傍で、我々には聞こえない声が響いているような。

三人目の誰かが我々の会話に割り込み、さらなる怪談をせがんでいるような。

〈いいねこわいねもっとしゃべってほし〉

そんな風に、私には見えたのだ。

〈きかせてもっとねえはなしてもっとしゃべっ〉

失礼な友人

伊藤は大学生の頃、友人の古宮、遠藤とともに地元の心霊スポットとして有名な廃トンネルに行ったことがある。

そこはかつて日本軍が拠点からの輸送路として使っていたとの噂があり、付近の若者らの間で「本当にヤバいところ」として名を馳せていた。

ある夏の夜、三人で遊んでいたときに何となく怪談話に花が咲き、結局はそのトンネルへ行こうという話になったのだそうだ。

車を降り、懐中電灯を手に真っ暗なトンネルに入ると、向こう側にあるはずの出口は全く見えなかった。

懐中電灯の光は弱く、心許ない気持ちで三人は中を歩いた。

いかにも年季の入った手掘りのトンネルの中を、時折水の落ちる音が響く。

さらに、違う音も響く。

それは明らかに水の滴る音でもなければ、自分達が歩く音でもなかった。

段々と音はこちらに近付いてくる。

じゃりっじゃりっ。

それは固い靴底で乾いた砂を踏むような音だった。

自分達の足元は、泥濘でぬかるんだコンクリートで、そんな音が出そうな具合ではない。

自分たちではない者の足音。

背後に広がる暗闇からその音が近付く。

「なぁ、後ろから誰か来てない？」

と伊藤が言うと、遠藤が「誰かの靴音、するよな……」と小さな声で返した。

「え、気のせいでしょ」

と古宮は後ろを振り返り、「誰もいないよ」と答えた。

じゃりっじゃりっ。

古宮の言葉に安心する間もなく、すぐ後ろから音がした。

「うおおおおおおお！」

「おいおいおいおい！」

伊藤と遠藤は叫びながらトンネルを駆けた。

そのとき、古宮は滑稽な二人を笑うばかりで、逃げる様子を微塵も見せなかった。

二人が出口まで辿り着くと、まだのんびりと歩く小宮の笑い声がトンネルの中を響いていた。

「お前ら、びびりすぎだって。音とか聞こえねえしよ」

ほどなく現れた古宮はいかにもバカにするようにそう言った。

「いや！　完全に聞こえてたから！」

「どう考えても、後ろになんかいたからな！」

「んな訳ないだろ。そういうのって、ないんだって……」

「いや、でもよ！　……ってかおまえ、そのTシャツどうした？」

「転んだのか？」

「Tシャツ？」

二人に促された古宮は顎を引いて自分の服の様子を確認し、「あっ……」と言った。

懐中電灯で照らされた古宮のTシャツはぐっしょりと濡れていた。

確かにトンネル内では時々水滴が落ちてきてはいたものの、これほど濡れる程度ではなかったはずだ。

それはびしょびしょの生地がぴったりと肌に張り付いているのはおろか、裾から水が滴り足元を濡らすほどのものだった。

「あれ……俺、いつからこんなに濡れてたんだっけ」

「いつからっておお前、そんなことになってて気が付かない訳ないだろ！　何だよ。ふざけるなって！」

「いや……ふざけるも何も……何で、こんなことになってるんだっけ……」

三人は「ここはやっぱりヤバい」と共通認識を持ち、急いでその場から去った。

帰路の車内では「出た」「マジもんだ」などと口々に言い合ったが、トンネルから程々に離れた頃には結局、雑談をするようになった。

「いや、あのフランス語の授業取ってるオンナ、マジ可愛いから」

「知ってる知ってる。芸能人レベルだよな」

「そうそう……あの子……マジで……ママママ……ジジジ……」

話が盛り上がる中、前触れもなく古宮は身体を小刻みに揺らした。

「おいおい！　どうしたどうした！」

「古宮！　大丈夫かよ！　どうした！」

二人の声掛けも虚しく、小宮の速い呼吸と痙攣が止まる様子はない。

「やばいぞ！　病院！　いや、救急車だよこれ！」

その時点で車は大分街に近付いていたため、救急車はすぐに到着した。

病院で下された診断は〈過呼吸〉だった。

院内でしばらく横になった後二人の元に現れた古宮は、少し疲れているようだったが何ら異常が感じられない様子だった。


その三日後。

伊藤と古宮は駅で待ち合わせをして、遊ぶことになった。

誘ったのは古宮で、伊藤はただ『会おうよ』とだけ告げられていた。

約束の時間より少し早く、古宮は現れた。

「凄くいい場所があるんだよ。行こうぜ」

出会い頭のお愛想もそこそこに、古宮はそう言った。

「行くって何処によ」

「いいからいいから、来れば分かるよ。いい所があるのよ……」

伊藤は古宮の「付いてくればいい」の一点張りに付き合い、一緒に電車を何度も乗り継いだ。

「よし。ここだ」

と古宮が指差した駅の看板には、聞いたこともない地名が書かれていた。

駅を出るとちょっとした繁華街があり、古宮はいかにもよく知っている風情で路地を曲がる。

「これこれ。ここ……ここなんだよ」

到着したのは古びた雑居ビルだった。

「ここ、何処なんだ？」

「……」

これまでの道中を通して普段より随分口数が少なかった古宮は、最早伊藤に応答することすら希少になっていた。

二人は黙ったままビルに入り、エレベーターに乗った。

古宮が押した階数は〈3〉。

降りると、「南田剥製店」との看板が付いたドアが一つあった。

剥製。

何故、いつから、古宮は剥製に興味を持ったんだ。

そんな伊藤の戸惑いもよそに古宮は訳知り顔を崩さずドアを開ける。

中に入ると店内は薄暗く、ジジジと音を立てて明滅する蛍光灯の下に、シカやタヌキ、キツネ、名も知らぬ小鳥などの剥製が埃をかぶったまま並べられていた。

幾ら見回しても客の姿どころか、店員の姿もなかった。

「なぁ、お前……剥製なんか興味あんの？」

「ああ」

「そんな話、したことなかったじゃん？」

「うん」

「別に好きでもいいからさ。言ってよ。何処に行くとかさ」

「……」

「古宮？」

「……」

古宮は問いかけに気のない相槌を幾らか打ったが、終いにはまた伊藤を無視して剥製を黙って見て回るばかりになった。

剥製に興味がない伊藤はそんな友人の後ろを付いていくほか、することがない。呆れながらただ時間が過ぎるのを待っていると、突然古宮は出口に向かって足早に歩きだした。

「お、おい。出るのか？」

「……」

幾ら仲がいいとはいえ、その我儘（わがまま）な行動にそろそろ辟易（へきえき）してくる。

訳も分からずこんな風に振り回されて楽しい訳がない。

店を出た古宮は「じゃあ、次はとっておきの所に行こうぜ」と全く悪びれる様子もなく言った。

思えば、電車内で三日前の今日と彼の体調を案じて話しかけても、薄っぺらい相槌か無視が返ってくるばかりだった。何が理由にせよ、流石に付き合いきれない。

「……行かねえよ。バイトあるから帰る」

「いいから！」

「行かねえって」

「行こうぜ！」

「何だよ。無理だって」

「絶対楽しいよ！」

「だから、バイトが」

「マジマジ！　絶対後悔しない！」

「おい、お前いい加減にし……」

「じゃあ、行こうぜ！　なあ、行こうぜえ！」

会話にもならない強引な物言いばかりが続いた挙げ句、古宮は伊藤の手首を引っ張りさえしだす始末だった。

「行かねえよ！」

伊藤は手を振り払い、古宮を睨み付けた。

「……ざーーーーんねぇぇぇぇぇん！　あははははは！」

すると古宮は親友の怒りを察するか察しまいか、笑いながら踵を返し、まるで伊藤への興味を失ってしまったかのように路地をすたすたと歩きだした。

この失礼極まりない態度にいい加減辟易した伊藤は、そのまま怒りに任せて古宮と別れてバイト先へ向かった。

翌日、大学にて。

「古宮、悪い！　昨日ごめんな。ちょっとバイト前で憂鬱でさ、イライラしちゃってさ」

伊藤は古宮の振る舞いに怒りを露わにした自分を恥じていた。

悪気があったようでもなさそうだし、古宮には色々世話になっている。

確かに横暴が過ぎた感はあるとはいえ、もう少し大目に見てやっても良かったのかもしれない。

「ほんと、すまない。懲りずにまた遊びに誘ってよ」

「何のこと？」

「昨日剥製屋に行ったときのことだよ。ごめんな」

古宮は存外気にしていなかったのか、的を射ない反応を返した。

「だから何のことだよ。俺、昨日剥製屋なんて行ってねえよ。なぁ？」

古宮は苦笑いをして、伊藤を見る。

「俺らは昨日、大学の図書館に行った後、サークルの奴らと合流してカラオケ行ってたぞ。お前はバイトだろうから誘わなかったけど」

「え？」

「いや、バイトの日だったろ。だから、誘わなかったんだよ。何？　お前、誰かと剥製を見に行った訳？」

「お前と……」

「いや、俺はだから伊藤とカラオケに……」

「え？」

「お前、バイトはよ？　休みだったら、カラオケ行けたじゃん」

「いや、バイトは急にシフト変更になってさ……店からの電話を切ったら、次にお前からすぐ電話が掛かってきて……だから、遊べるってことになって……」

「電話？　してねえし」

「いや、でも……」

その場では噛み合わない話になったが、のちにサークルの仲間にも確認したところ、確かに古宮がカラオケボックスにいたのは事実であるようだった。

「煙鳥さん、俺がおかしかったんですかね」

「いやああ。でも、親友と誰かを間違って電車乗って剥製屋に行きますぅ？　おかしいでしょぉ？　伊藤さん、それアレっすよお。なあんか、変な感じっすよお」

「ううん。ですよねえ」

「ほえええええ。そういうことあるんすねえ」

「あ、そうそう。古宮が僕の手首を掴んだとき」

「ふんふん？」

あいつの手、びっしょびしょに濡れてたんですよ。汗ってレベルじゃなく、手を洗ってから全く拭いてないってくらいに。トンネルとやっぱ関係あるんすかね。

ダイブ！

煙鳥君もかつて住んでいた、神奈川県川崎市、登戸エリアの出来事だという。

「僕が取材した体験者は、その辺りに住んでいた、ある男性の方です」

深夜、仕事終わりの彼が帰宅したときである。

当時一人暮らしをしていたアパートの一階の部屋。その玄関ドアの前に、人影が立っていることに気付いた。

何事かと思い、歩行を緩めながら凝視してみる。

全く見知らぬ人物である。友人知人どころか、近所で見かけたこともない。

その人物は四十代ほどの中年男性で、白いTシャツを着ていた。

それ以外の容貌や服装などのディテールは、今となっては全く思い出せない。まあ、何の特徴もない、いたって普通の男だったのだろう。

ただしその挙動は不審そのものだった。

ガチャガチャガチャガチャガチャ！

数メートルも離れたこちらまで、自分の部屋のドアノブを乱暴に回す音が聞こえてくる。

……おいおい、かんべんしてくれよ。

鍵が掛かっていることなどすぐに確認できるだろうに、なおも男はしつこくノブを左右に回し続ける。

あと数歩でアパート敷地内に入るかという距離にまで縮まった。その辺りで、男はようやくドアの解錠を諦めたようで、手をノブから離した。

かと思いきや、その場にしゃがみ込み、ノブの下側に思いきり顔を近付けていく。

そしてウンコ座りの体勢のまま、鍵穴から部屋の中を覗き込もうとしているのだ。

「……かんべんしてくれよ」

今度は思わず声になって漏れた。

それでも男はすぐ傍にいる自分に気付かないようで、ジロジロジロジロ、一心不乱に部屋の中を探ろうとしている。

「おい！」

たまりかねて一喝したとたん、男の身体がビクンと震えた。

慌てて言い訳でもしてくるかと思いきや、男の次の行動は意外なまでにスムーズだった。

こちらを振り向きもせず、脱兎のごとくにアパートの敷地外へと飛び出していったのである。

不意を突かれたこちらが硬直しているうち、男はそのまま道路を左に折れ、すたこらさっさと逃げていく。

「……上等だよ」

この体験者さん、どうやら学生時代にはバスケットボール部の選手として注目されていた人物らしい。

特に定評があったのは、バツグンの俊足。そのスピードと持久力が注目され、陸上部からもしつこくスカウトされていたとか。

不審者を追いかけるため、男性は深夜の路地へと足を踏み出した。

トップスピードに達するまでやや時間が掛かったが、腕の振りと足の回転がピタリと噛み合ったところで、昔の感覚がよみがえっていく。

一瞬で目の前の敵プレイヤーを振り切り、背後からは味方だって誰一人としてついてこられない、スピードスターだった頃の感覚を。

一方、前を走る男のフォームは無様そのものだった。前後に振られる手のひらはこちら側に向けられ、ガニ股がもつれて両脚もブレている。

あと数秒で互いの距離はなきものとなる。ほらもう手を伸ばせば、その肩を掴んで後ろに引き倒せるだろう。

……と思いきや。

何故だろう、最初はぐいぐい縮んでいた間隔の狭まりが、途中から鈍くなった。

えっちらおっちらという走り方はそのままに、男のギアが一段上がったのか。

いや、いつのまにか相手の速度が、こちらと同等になってきた気すらする。

今はもう、マラソンでペースメーカーに先導されているような、縦に並んで走る形になってしまっているではないか。

深夜の住宅街を、全速力で駆け抜けていく二人。

息が切れ、額からの汗が目に入り、ヒートアップした筋肉が悲鳴を上げる。

……いや……これ……何で追いつけないんだ？

それどころか、男は更に一段階ギアを上げ、加速してきた。

白いTシャツの背中が、ぐいぐい目の前から遠ざかっていく。

……どういうことだよ！

と、心の中で毒づいた瞬間。

男の身体が地面から浮き上がった。

下手くそなフォームという見た目をはるかに超え、明らかにバランスの崩れた両手両脚が、バタバタと宙を掻いた。

つまり、派手にすっ転んだのである。

よし！

これがチャンスとばかりに、最後の力を振り絞って追いつこうとしたのだが。

「……って、あれ？」

男が、消えた。

頭から下に倒れ込んでいったところまで、はっきり見えていたのに。道路と接触したその瞬間、綺麗さっぱり消え去ってしまったのである。

「……ちょ、え、どういうこと？」

先程の転倒ポイントに辿り着くが、やはり何処にも男の姿はない。

その代わり、奇妙なものが残されていた。

アスファルトで舗装された地面から、白い布地の物体が短く飛び出ている。

男が着ていた白いTシャツの、肩口の部分だった。

まるで道路にダイブした男が、そのまま地下へと潜っていったように。

……何者なんだ、あのおっさん……？

しかし、そこだけがうっかり通り抜けられなかったように。

……いや待てよ、もし俺が今日、鍵掛けるのを忘れて仕事に行っていたら……。

Tシャツの白い布地が、地面の中からはみ出している。

……あのおっさん、普通に俺の部屋に入ってきていたら……。

……それで帰宅した俺と鉢合わせしていたら……。

俺は一体、何をされていたんだろう？

「そう考えたらめちゃくちゃ怖くなっちゃって。男性はこれ以降、絶対に鍵を閉めて外出するようにしている……っていう体験談を聞きました」

話を締めくくる煙鳥君に、しかし納得のいかない私は思わず聞き返した。

「いやでも、そのおっさん。物質をすり抜けられる能力があるってことだよね」

「恐らく、そう考えられますね」

「でもそれなら、どうして最初からその能力を駆使しなかったんだろう」

「というと？」

「何で、鍵の掛かったドアくらい、初めからすり抜けて入らなかったんだろう？」

しばらくの沈黙の後、煙鳥君はこう答えた。

「さあ……？」

その後の侃々諤々（かんかんがくがく）の議論の末、我々はその超能力おっさんの正体を、かつて近所にあった大日本帝国陸軍・登戸研究所で戦時中に造られたミュータント実験体の成れの果てではないだろうか、と結論づけた。

ギョッ

これはトゲトゲオオバカザカナに纏わる話である。

この話を提供してくれた東堂君は、地方の〈ど〉が付く田舎の生まれだ。

子供の頃の遊びといえば、野原を駆けたり、小川で沢蟹を捕まえたりが主。野球やサッカーをしたくても集落にナインもイレブンも子供がいない、というからには彼の地元の風景は今で言う限界集落をイメージして問題がなさそうだ。

そんな場所にトゲトゲオオバカザカナが出現したことがある、というのである。

当時、彼が通っていた小さな小さな小学校である噂が立った。

隣の集落に住んでいる男の子達が、用水路を泳ぐ変な魚を見たらしい。

集落では幅一メートル未満、水深四、五十センチほどの用水路がそこかしこで流れている。田んぼの横を流れる水路でフナなどの姿を見かけるのはざらで、網で魚を獲るのも子供達の遊びの一つだった。

だが目撃者が見たのは「体中に大きなトゲが幾つも生えていて、緑や黄色の縞模様をしている鯉の成魚ほど大きなもの」だそうで、これは明らかに既知の魚とは違った。

噂の出始めこそ誰もがただ笑っていたが、段々と「ぼくも見た」「あたしも見た」という声が増え始め、遂にはその魚に「トゲトゲオオバカザカナ」と名が付いてしまった。名付け親は不明だが、もうそれは完全にトゲトゲオオバカザカナとして認知されたのである。

こうなると娯楽の少ない田舎に住む少年少女達は俄然、色めき立つ。

ロマンに燃え盛った東堂君も例に漏れず、その頃毎日のように近所の友達と二人であちらこちらの用水路に赴き、トゲトゲオオバカザカナを探すようになっていた。

しかし、想像通りトゲトゲオオバカザカナは難敵だった。

いない、いない。

知ってる魚ばっかり。

また小魚か。ああ、フナだ。ナマズだ。あれはウナギか？

いない、いない。

今日も見つからない。

失意の日々ばかりが続いた。

それが。

とある日――。

用水路に沿って田んぼのあぜ道を歩いていたときだった。

周りが苔深い用水路の中に、それはいた。

長いトゲを無数に生やした、緑と黄色の縞模様。

目を引くビックサイズ。異様な魚影。

一見して海にいるミノカサゴに似ているが、カサゴがこんな場所に生息している訳もない。

トゲトゲオオバカザカナ、遂に発見。

泳ぐ珍魚を二人は追いかけた。

気配を悟られたのか、それのスピードは急激に速まった。

待て！

待てぇ！

延々と追いかけると、魚影は橋の下に潜り込んだ。

橋の下――暗渠（あんきょ）には子供でもしゃがんでやっと入れるほどの隙間しかなく、その隙間に入ろうにもまず水路に飛び込んで靴を濡らす必要がある。

迷っていられない。

水路に足を入れ、橋の下に入った。

この時点で二人は珍魚を追うこと自体を目的としていて、実際に捕獲するイメージが全く湧かなくなっていた。

いずれにせよ、その時間が楽しかったのだ。

暗渠を進むと、ある場所から急に縦横の幅が広くなった。

二人はいつしか立ち並んで進んでいた。

しかし、ここまで広いとトゲトゲがUターンして逃げる可能性もある。

何となく魚を追い立てるように水を蹴って前進しているものの、効果があるのか不明だ。

更に進むと前方に光が見えた。

暗渠を抜けると、大きな湖が見えた。

あれ。

近所にこんな湖があったのか。

ってか、ぼくらどんだけ移動したの。

あの橋、そんな大きかったかな。

東堂君は、湖に入る訳にも行かずただ景色を見つめた。

静かに波打つ湖面は概ね曇天の空を映していて仄暗さを感じさせてはいたものの、間近で見るとやけに透き通っていた。

湖を囲むように、半壊したビルが幾つもある。

そのコンクリートのビル群の崩れ方が、巨大怪獣の存在を東堂君に想像させる。

強い風が二人を打った。

湖のちょうど真ん中に小さな島が見えた。

島には煙突が付いた小屋が建っている。

煙突からもくもくと黒煙が吐き出されているからには、中に人がいて何かしらの作業をしているのだろう。

大人は大変な所で仕事をするものだ。

改めて水面に目を向けると、トゲトゲオオバカザカナが数十匹で群を成して泳いでいた。

こちらの存在を気取られているのかは知る由もないが、下手に動くとまた逃げられそうな予感がした。

水底に見える岩の間を群は行ったり来たりしている。深さがありそうなので、流石にここに飛び込む訳にはいかない。

となれば、釣り竿が必要だ。

二人はまた暗渠に入り、橋に戻った。

東堂君は友人を橋で待たせ、家に駆け戻ると釣り竿を掴んだ。

戻ると、友達が橋を見てぼうっと立っていた。

その様子に違和感を覚えて東堂君は彼と同じ方向に目をやった。

橋の幅は二メートルほど。

二メートルほど。

しかないのか。

橋の下から暗渠を覗き込む。

当然、二メートル先の暗渠の出口が見える。

湖へ至る道はこうして消え、トゲトゲオオバカザカナの噂もこの日を境にして徐々に聞かなくなっていった。

採集の夜

優飛は浴槽に浸かりながら、スポンジで足を洗う父の背中を見ていた。大きな背中と引き締まった筋肉が醸し出す力強さは、さながらミヤマクワガタのようだ。父は尊敬と畏怖、憧れが滲むその眼差しを知ってか知らずか、ふと優飛に顔を向けて微笑んだ。

「今日は虫取りだからな。頑張って起きてるんだぞ」

優飛はわざと大袈裟に目を見開いてから、父に微笑み返した。

今晩もカブトムシとクワガタが狙いだ。

いつだって、かっこいい大きな甲虫が一番だ。

まだぼくは子供だからいつも布団に入る時間に眠くなっちゃうけど、虫取りのために今晩も我慢するんだ。すっかり身体が温まった優飛は既に睡魔が近付いていることを感じていたが、頬を何度か叩いて自分を奮い立たせた。

「今晩もカブトムシがいると良いわね」

母がコップに注いでくれた麦茶を飲みながら、優飛は少しだけ漬物の匂いが漂う台所の椅子に座りながら、これから始まる冒険に胸を躍らせた。

「ママ、ぼくはミヤマクワガタを狙ってるんだよ」

「あら、そうなのね。ママは昆虫に詳しくないのよ。どんなクワガタなの？」

「かっこいいんだよ。ハサミに角みたいなのが生えてるんだ。凄く強そうな見た目をしてるんだよ。黄金色をしてて……とにかく、かっこいいんだ」

「そうなのね。採れると良いわねえ。ママも見てみたいわ」

　虫取りはいつもお決まりの山で行われた。山までは父が運転する車で向かい、優飛は途中のコンビニで買ったアイスを車中で食べるのが大好きだった。

　籠と虫取り網を二セット持っていく。

　父は虫取りが始まるといつも本気になり、親子はまるで勝負をしているかのように互いの籠の様子を見せ合うのが常だった。

「パパも小さな頃、爺ちゃんと虫取りに行ったもんだ。あの頃も楽しかったけど、今も楽しい。あの山にはもう百回以上は入ってるだろうな。あの山のことなら何でも知ってるよ」

　事実、父は樹液がよく出る木がある場所を幾つも知っていた。

　父の後ろを付いていくと、魔法で呼び出されたように大きな虫が現れることがしばしばあり、優飛も木の場所を覚えようと躍起になってはみたものの、林道を逸れるポイントを掴むのはとても難しく思えた。

車が山に入ると程なくしていつも父が駐車する路肩に到着する。

父は大きな、優飛は小さな懐中電灯を持ち、それぞれの虫取りセットを紐で肩から提げつつガードレールを跨いだ。

山中は緩やかな傾斜こそあるものの、人が歩くに適した広めの獣道がそこかしこに通っていて、子供の足でも往来に全く困難はなかった。

何度来ても、山は優飛を興奮させた。

ここには、ごつい甲冑を纏ったお宝がたくさんある。

今晩はどんな昆虫が待っているのだろう。

懐中電灯の光を右へ左へ当てながら歩き、優飛は次々と父が誘っていく木から木へと訪れた。

その晩は大きな羽虫と小さなカブトムシが豊作だった。

だが、目当てのミヤマクワガタはまだ見つかっていない。

家にいると纏わり付くような湿気に苦しめられるが、山の中はひんやりとしている。

森の静けさも心地が良く、優飛は永遠に父と虫取りができたら、どれほど楽しいだろうかと想像した。

山の奥へ歩を進めると、ふと優飛の目に二つの人影が飛び込んできた。

電灯を向けると、優飛と同じ歳頃と思わしき野球帽を被った少年と、その母らしき黄色いエプロンを着けた女性が木々の間に立っていた。

過去にも何度か虫取りをする親子ペアを山中で見かけたことがあった。父と少年。母と少年。母と少女。父と兄妹、兄弟という組み合わせにも遭遇したことがある。

父が言うには、この山はよく虫が取れることで有名なのだそうだ。

今日のライバルはこの親子なんだな。

この親子より先に大きな甲虫を見つけなければ。

立ち止まって何処かの木の様子をじっと窺う親子を尻目に、優飛は父の背中を追った。

「あの木だ」

父が振り返り、人差し指を進行方向に振った。

行く先には途中が二股に分かれた太い幹を持つ樹木が立っていた。

近付くと、なるほど大量の樹液が幹から滴っている。

優飛はそこから黒光りする一体のコクワガタを手で剥がし、虫籠に入れた。

捕まえた甲虫は希少度もサイズもミヤマクワガタには程遠いが、それでも十分に満足できる美しさがあった。

「うん。やっと良いのが見つかったじゃないか」

「そうだね」

「諦めないで足を使うのが大事なんだ。でも、怪我をしないよう気を抜いちゃダメだぞ。もう少し探すつもりだけど、お前は疲れてないか？」

「大丈夫。もっとパパと探したい」

虫籠の蓋がしっかり閉まっていることを確認して、優飛はまた父の先導に従おうとした。するとと、前方にあの親子の姿を見つけた。

いつの間に追い越されたのだろうか。先を行かれると困るというのに。

優飛は仄かな敵対心を抱きつつ、改めて親子の様子を見た。

親子は相変わらずただ立って、何処かの木を確かめているようだった。

尤も、二人は山に慣れていないのか懐中電灯の類を持ってきておらず、それどころか籠も網も所持していない。ひょっとすると、山の虫をただ見物するためだけに、思いつきで山に入っただけなのかもしれない。

そう思うと、山に似つかわしくない母のエプロン姿も頷ける。

虫を取らないということは、ライバルにもならないじゃないか。きっとああやって静かに山を見て回るだけなのだ。

「どうした。先に行くぞ」

優飛はその強い語調にはっとし、既に十歩ほど前に歩みを進めていた父の背中をまた追った。無制限に山にいられる訳ではないので、足を止めていられない。

「……もっと、もっと良い木があるからな。行くぞ」

「うん。あの親子、何なんだろうね」

父は、その言葉に反応せずどんどん先へ進んでいき、二人の距離はなかなか縮まらなかった。

「パパ、ちょっと待って……」

優飛はふと心配になり弱音を吐いた。すると父はちょうど横にあった木に抱きつき、揺さぶり始めた。

「この木だよ。この木に虫がたくさんいるんだ」

薄ら笑いを浮かべて、木を揺する父の向こうにまたあの親子の姿があった。

あの親子がこれほど速く動いたパパとぼくを追い越せる訳がない。

また母と少年は暗がりの中でただ立つばかりだった。

「パパ、ほら。人がいるんだ。あの親子だよ。なんだか、変だよ」

父はその言葉をまるで無視して、抱きついた木を見上げている。

「パパ。変だよ。あの親子、だって……さっきからいつもぼくらの前に……」

「え？　何を言ってるんだ？　誰もいないだろう」

ひたすら振動を与えられる木からは、まだ虫が現れる様子はない。

「いるよ。これで会ったのは三回目だよ」

「気のせいだろうよ。ほら、虫が落ちてくるからな。見てろ……」

「え……でも」

と戸惑いを向けた瞬間、木の上からバラバラと大きな何かが数個、落ちてきた。

「ほら！　探せ！」

わぁっ、と思わず歓声を上げつつ優飛は木の下に懐中電灯を当てた。

「パパ！　ミヤマクワガタだ！」

「良かったなぁ、夜更かしして」

「うん！　パパ、ありがとう！」

優飛は丁寧にミヤマクワガタを掴み、籠に仕舞い込んだ。

父は満足げにその様子を見ていた。

あとは家に戻って、寝るだけだ。ママがもしまだ起きているのなら、ミヤマクワガタを見せてあげよう。夏休みの思い出がまた一つできた。

じんわりと胸に満ちていく幸福を感じつつ、優飛は籠から視線を上げた。

「うわっ」

眼前に親子が立っていた。

優飛は驚愕のあまり声を上げたきり、ぴくりとも反応できずにいた。

すると親子は動きを揃えて片腕を上げ、二人で同じ方向を指差した。

親子は何かを教えようとしているらしい。森の中に何処かに何かがあるのだろうか。

優飛は促されたほうへゆっくりと顔を向けようとした。

「おおい！　こっちにもう一匹落ちてるぞ！」

「えっ！　本当に！」

父の嬉しい言葉に反応し、優飛はまた地面を探した。

「ほらほら、さっきここに大きいのがいたんだぞ」

「どこどこ？」

二つの懐中電灯が地面を照らしたが、何処にも父が発見した甲虫の姿は見つからない。

折角父が自分に手柄を与えるために教えてくれたのだから、何としても見つけたい。

「うん。あっちのほうかな。でも、うん……」

悔しさで目頭が熱くなるのを感じ始めた頃、父は「そろそろ帰ろうか」と言った。

帰路の車中、助手席に座る優飛はミヤマクワガタが入った籠を何度も何度も確認した。

「優飛、良かったなあ。お目当てのものを捕まえられたじゃないか」

「うん。嬉しい。でも、あの親子は何だったんだろう。パパも見たよね？」

「いやあ……パパは知らないなあ」

「でも、ぼくは見たんだよ。パパに見えない訳がな……」

「うるさいな！」

また父の口調が強くなった。今日のパパは時々、こうなる。

自分は悪いことを何かしているのだろうか。父が怒るのは、決まって我が子が良くない行いをしたときだけのはずだった。

「え。でも……」

「わかってるよ！」

「……わかってる？」

「野球帽と黄色いエプロンした二人だろ！」

優飛はほとんど怒号とも呼べる父の言葉の続きを黙って聞いていた。

なぜだか、これ以上父に何かを伝えようとすると、この全てが悪い夢で、折角捕まえたミヤマクワガタがいなくなってしまう気がしたのだ。

「あの親子はパパが子供の頃からいるんだ。あの背格好、あの服装でずっといるんだ。いいか、山の中でいるはずがない人を見ても、気付いたふりをしちゃだめなんだ。そいつらが何かを指差したろ。その方向には人が絶対見ちゃいけない何かがあるんだ、だからお父さんは、優飛がそっちを見ないように、お前を呼び寄せたんだ」

父は段々と冷静さを取り戻していき、終いにはさながら優飛に許しを乞おうとしているようだった。

「だから、気にしなくていい。何もいなかったんだ。でも、いたって教えた。パパは嘘をついたんだよ。お前のためにな。……爺ちゃんと同じことをお前にすると思わなかったけどな。パパも小さい頃、爺ちゃんに嘘をつかれたんだ。パパも見ちゃいそうになったんだよ。あいつらは見せようとするんだ」

「あの人達は何を見せようとするの？」

「優飛、あいつらは人じゃない。もうその話はやめよう。いいか？　またあいつらに出会っても、気付かないふりをしろ。その約束を守れたら、また虫取りに連れていってあげるからな」

「……うん。分かった」

ミヤマクワガタにはあの親子が見えていたのかな。
優飛は籠を抱きしめたまま、いつしか眠ってしまった。

ときめきのハートを君へ

友人の長谷と喫茶店で談笑をしていたときのことである。

「こないだ、彼女への誕生日プレゼントを買いに行ったんだけどさぁ」

長谷は突然、話の脈略に沿わずニヤニヤしながらそんな話題を投げかけてきた。

「へえ」

と、さも興味がなさそうに返してみたものの、そもそも長谷に彼女ができたことをこれまでに聞かされていない。

長谷はそういう奴なのだ。

「朝からプレゼントは何がいいかなって、街を回ってたんだよね」

その日、長谷は漠然と自宅の最寄り駅付近でウィンドウショッピングを続けていたものの、ぴんとくる品に出会えずにいた。

「何かほら。彼女が絶対に喜びそうなものをあげたかった訳。俺がこれだ！　って自信を持って渡せる一品をさ。女ってそういうの大事だろ」

彼女のためと、意地になって手当たり次第ショップを巡った。

そうして夕前まで街を彷徨ったところ、ようやく良さげなアイテムを発見できた。

「ネックレスとかに付ける、ちょっと凝ったハート型のペンダントトップで、ラインストーンっていうの？　キラキラしたのが縁についててさ。色もピンクゴールドで可愛かったんだよ。俺、ときめいちゃってさ」

長谷はショーケースに顔を近付け、まじまじとそのハートを吟味した。

これだ。

これが一番良い。

やっぱりあるもんだ。粘って良かった。

「って思ったけど、欲が出てさ……」

探せばこの世には良いものがあるもんだ。

ということは、もっと良いものもまだあるのかもしれない。

もう少し探して何もなかったら、この店に戻ればいいんだ。

そう思った長谷は、一度店から離れ、しばらく他の店を覗いてみたが、またも空振りが続く。

「やっぱり、あのハートが神だなって思い直して、店に戻ったんだよ」

買う気満々の足取りは軽かった。

長い一日がハートの購入で華々しく終わるのだ。

しかし、店に到着してショーウィンドウを覗くと、ハートがあったはずの場所が空になっていた。

「ああー買われたーって、がっかりしちゃってさあ」

念の為在庫の問い合わせをしようと、長谷は近くにいた店員に声を掛けた。

店員はショーケースを見てから「少々お待ちくださいませ」とバックルームに引っ込むと、すぐに分厚いファイルを持って戻ってきた。

困った様子の店員が告げるのは、「お客様が仰る商品の取り扱いはありません」の旨。

いや、取り扱いはあるだろう。現にあったのだから。

売り切れ、とでも言われたほうがまだ納得がいく。

暫し、「あったあった」と主張しても、店員は謝罪をするばかりで埒が明かなかった。

納得がいかなかった長谷はなおも食い下がり、店員が手にする取扱商品カタログを見せてもらったが、確かに彼が見たハートは何処にも載っていなかった。

「結局、話にならないから諦めて帰ったんだけどさ。でも、見たものは見た訳で。あるはずなんだよ。絶対にあの商品はこの世にあるはずだって思って」

翌日、長谷は新宿と渋谷を巡った。

都心の有名店をしらみ潰しに回れば、何処かにあのハートがあると思ってのことだった。

「そしたら、案の定あったんだよ」

小物、インテリアなどを扱うセレクトショップのショーケースにそれはあった。

洒落た洋服を纏ったマネキンが首から提げるのは、まさにあのハート型のペンダントトップが付いたネックレスだ。

見つけるなり、前日以上のときめきを長谷は感じた。

やはり良い。

これはプレゼントに最適だ。

彼女が喜ぶ顔が目に浮かぶ。

すぐ買わなければ。

とまで思ったところで、長谷は財布の中身にふと自信がなくなった。

最初から潤沢に持ってくれれば良かったのだが、ハートを探すことにばかり気が向き、いざ御対面の際を想定していなかった。

だが、また目を離した隙にハートが何処かに行ってしまうことに怯え、踵を返してATMに行く気になれない。

どうしようかと暫しマネキンの前で佇んでいると、近くを行く女性店員が目に入った。

ここぞと店員を呼び止め、「すぐ戻るから」と取り置きをお願いした。

店員は申し出を承諾し、スムーズな動きでショーケースからハートを取り出すと、レジ台の下から取り出した小箱に入れた。

店員は〈佐藤〉とプリントされたシールを小箱に貼り付け、見ると確かに店員の名札にも同じく〈佐藤〉と書かれていた。

これで、間違いなく取り置きが完了。

待っててね、ハートさん。

長谷は店員に礼を言い、早速金を下ろすためコンビニへ走った。

そうして長谷は、ものの五分も経たずに店へ戻る。

再入店後、長谷の応対をしたのは取り置きをした〈佐藤〉とは別の店員だった。

名を告げると、店員はレジの後ろから小箱を持ってきて「御確認をお願いいたします」と箱を開けた。

が、箱の中は空だった。

間違いなく〈佐藤〉のシールが箱にはある。

取り違えがあったかもと、店員は再度取り置き商品の箱を幾つか確認したが、結局は首を傾げて戻ってきた。

長谷も店員も暫し言葉を失い、空の箱をただ見つめた。

長谷は店員に怒るべきかどうか迷った。

店員は何を考えているのか、目をまん丸にして呆けながら顎を摩っていた。

すると、「あっ」と声を出して我に返った店員は、何度目かの謝罪をしてからその場を去り、程なく別の店員を連れて戻ってきた。

その店員の胸には〈佐藤〉の名札が付いていた。

しかし、その〈佐藤〉は口調こそ丁寧だったものの、言っている内容は「取り置きした覚えはない」旨で、長谷の不快感は高まる一方だった。

取り置きした覚えがないに決まっている。

この男性店員〈佐藤〉が取り置きをしたんじゃない。

取り置きしたのは女性店員〈佐藤〉だ。

俺は女性の〈佐藤〉に用事があるのだ。

「話が噛み合ってないから、むっとしながら『女性の〈佐藤〉さんをお願いします』って言ったんだよ。でも……」

当店には〈佐藤〉は彼のほかいません。

女性の〈佐藤〉は当店におりませんので。

だから、いませんので。

分かりません。

取り置きもできておりません。

そもそも、そんな商品はうちにはないようです。

「って言う訳。でも、あるはずなんだよ。何か変だろ？　前の店と結局一緒。ないっていうんだよ。でも、あるよ。見たんだから。あったんだもん」

そういう訳で、また長谷はハートを諦めざるを得なかった。

「彼女が付けてたら似合ってただろうなぁって、今も思ってる訳よ」

「ああ、そう」

結局、こいつは何の話をしてるんだ。

「次に会ったときに彼女があのピンクゴールドでハート型のペンダントトップを着けてたら、何か運命感じちゃうよねぇ。ねえ？　どう思う？」

どうも思いません。

98

はんぺん

夜。
寝ている美緒さんの腹の上に、
どしん、
と圧が掛かった。
ああ、上から重たい何かが落ちてきた。
驚きとまどろみが唸り声となり、口から出る。
ゆっくりと瞼を開けると、白い長方体のモノが腹の上で浮かんでいた。
浮かぶ高さは腹から数えて約一メートルほど。
それは大きなはんぺんを思わせる形態だった。
勿論、何かは分からない。
どしん。
はんぺんがまた腹に落ち、美緒さんは、ぐえ、と声を上げた。
腹でバウンドしたはんぺんは床に落ち、着地とともに、

ぼぎっ、
と音を立てた。

そして、次のバウンドで部屋の隅の暗がりに消えた。

電気を点けると、腹から旅立った後の一度目の着地点に缶コーヒーの空き缶が転がっていた。

缶は捻れて裂けていた。

寝言アプリ

コバヤシ、と名乗る女性から聞いた話。

コバヤシとは仮名である。本名は煙鳥君も知らない。

彼女は煙鳥君に対しても、その場で適当に浮かんだと思しき仮名しか告げていないからだ。

「コバヤシという名前ではないんですが、コバヤシという名前にしておいてください」


何年か前の元旦の朝である。

コバヤシさんは、こんな夢を見た。

見知らぬ街を走っている。

何かに追いかけられているからだ。

時折、物陰に身を潜めてみたり、交差点で辺りの様子を探るために立ち止まる。

そして危険がなさそうなほうを選んで、また走りだす。

一体自分を追いかけてきているものは、何なのか。それは一切分からない。

夢の中の彼女は、何故か持っている覚えのないパンツスーツを着ている。上下黒の、細身のシルエット。

映画『マトリックス』のエージェント・スミスとか、テレビ番組の『逃走中』に出てくるハンターみたいだな。

走りながら、そんなことを悠長に思ってもみる。ただ、自分がそれら追跡者の側ではなく、逃走者であるという確信もまた、はっきり抱いている。

それでも、一体何から逃げているのか。何が自分を追いかけているというのか。

それだけは皆目分からない。

後ろを振り向けば、見知らぬ中年男性が、汗をかきかき太った身体を震わせ、自分の後を追うように走っている。

とはいえ彼は追跡者ではない。

自分を狙っている気配のないことは、その必死で怯えた形相から窺える。どうやら、彼も逃げなくてはならない側、こちら側の人間であるようだ。

しばらく二人で、無人の街を走り続けた。

そうこうしているうち、最初の頃よりもずっと、「逃げなくてはいけない」という気持ちが強くなってくる。

さらには、何かに「今にも追いつかれそうだ」という気持ちもまた、どんどん強くなっていく。

このまま、ただ走っているだけでは、捕まってしまう。

焦燥にかられたコバヤシさんは、誰かの家の玄関を勝手に開けて、中に入り込んだ。

無人の屋内を駆け抜ける。階段を見つけたので上る。二階にも誰もいない。しかしどうやらもう一つ、上へと続く階段があるようだ。

更に上っていった先は、屋根裏部屋だった。しかしこれでは袋小路にはまったようなものである。慌ててその窓から身を乗り出し、バルコニーへと抜ける。

更にバルコニーから庇へと手を伸ばし、屋根の上へと逃げていった。

屋根の上から周囲を観察する。高い視点に立ったおかげで、街中がぐるりと見渡せた。

下にいる時は気づかなかったが、街には自分達の他にも大勢の逃走者がいた。道路を走って逃げているものだけでなく、少なからぬ人々が、自分と同じように屋根へ上って逃げようとしている。

直観によるのか、明確な理由があるのか。どうやら皆、上へ上へと逃げたがっているようだ。

ふと後ろを振り向くと、屋根の庇に、二つの手が乗っかっていた。

一緒に逃げてきたおじさんだ。彼も屋根へと這い上がろうとしている。両手に力を掛け、一生懸命に身体を懸垂しようとしている。

ここで、いつもの自分なら湧いてこないようなどす黒い感情が湧いてきた。

コバヤシさんは屋根の際まで近付くと、黒いパンツスーツの片足をゆっくりと上げた。

続いて勢いよく、庇にすがりつく両手を蹴り払った。

おじさんの身体が、ゆっくり地面へと落ちていく。

――全く、新年早々おかしな夢を見てしまった。

そこで目が覚めたコバヤシさんは、枕元のスマホを手に取った。

一月一日の午前やや遅い時刻。当然ながら、外はもうすっかり明るくなっている。

初夢というのは二日の夜に見る夢だという。となれば今、元旦の朝に見た夢は何と呼ぶべきだろうか。

などと考えながら、コバヤシさんはそのままスマホをスワイプし、寝言アプリの画面に移行した。

眠っている最中に起動させておけば、寝言などの音声を感知した際、自動で録音しておいてくれるアプリだ。

とはいえ、自分はいびきも寝言も発さないタイプのようで、興味本位でダウンロードしてからずっと、まともな録音が残されていたことなどないのだが。

このときばかりは、たちまち眠気が吹っ飛んだ。

寝言アプリに、録音済みの表示がなされている。ということは、あの奇妙な悪夢にまつわる寝言が入っているはずだ。

急いで再生ボタンを押してみたところ。

〈やめろしぬやめろ！〉

スピーカーから、野太くかすれた絶叫が響いた。

え、と思わずもう一度再生する。

〈やめろしぬやめろ！〉

明らかに自分の声ではない。幾ら喉を絞ってもこんな低音のハスキーボイスはとても出せない。「やめろ、死ぬ」ということだろうか。となれば。やっぱり。

これはもう、あのおじさんの声ではないか。

でも、どうして。蹴落としたのは私なのに。何で落ちたおじさんの断末魔の叫びが録れているんだろう。

いやに怖くなったコバヤシさんは、寝言アプリからその声を削除してしまった。

「もしかしたら、同じ夢を共有して見ている人が世界中にいるのかもしれないですよね」

コバヤシさんは、煙鳥君にそう語ったそうだ。

まるでVR空間へ、世界各地から人々がログインしてくるように。コバヤシさんも、おじさんも、その他の逃げまどう人々も、あの元旦の朝の同じ時間に同じ夢にログインしていたのではないか、と。

「その人はその人で、自分が走って逃げる夢を見てるんじゃないかな？　そして追いかけてくる何かに捕まったら、私だって夢の中で死んじゃってたかもしれませんよね」

そうなると夢の外で眠っている自分はどうなってしまうのだろうか。

もしかしたら夢の中で幽霊となって、夢から出られず留まり続けてしまうのではないだろうか。

だからそのおじさんは、逆に夢からこちら側へログインしようとしているのではないだろうか。

そう、コバヤシさんは考えている。

「だって、おじさん、明らかに私が現実世界で寝言アプリを録音してることを分かってるみたいなんですよ。それで、自分の声を聞かせようとしてきたんですよ」

元旦からしばらく経ったある日のこと。

朝目覚めると、寝言アプリにやはり録音ファイルが作成されていた。

しかしそのときは、どういった夢を見たのか、そもそも夢を見たかどうかすらも、全く覚えていなかった。

ともかく再生ボタンをタップしてみたところ。

また、あの野太く低くかすれた男の声が響いた。

ただし今度は絶叫ではなくドスの利いた声色で、

〈おいコバヤシ〉

と、自分の名前を呼びかけた後、やや間が空いて、

〈おまえひとご〉

そう続けてきた言葉を遮るかのように、

〈う〜〜〜ん〉

突如、いつもの自分のトーンへと声が切り替わった。寝たまま伸びをしているときに発するような、気怠げな声だった。

震える指をスマホ画面に延ばし、もう一度再生してみる。

〈おいコバヤシ、おまえひとご〉

当然だが、先ほどと同じ音声が流れ、そこに「う〜〜〜ん」と寝息が被さる。

自分が発しているであろう野太い声の寝言は、いつもの自分の声によってぶつ切りにされている。

おじさんは夢の向こうから、こちらの私にログインしてきた。何かのメッセージを伝えようとしてきたのだ。

ただそのメッセージは、自分でも知らないうちに私自身が遮ってしまったのだが。

コバヤシさんは寝言アプリをアンインストールした。

今でも睡眠中、何か口走っているのかもしれないが、それを確かめる気にはどうしてもなれない。

割り

京子さんは全国でチェーン展開している某牛丼屋でアルバイトをしている。

いつの時代でも一定の人気を保つその牛丼屋は朝昼夜とどのシフトも忙しなく、郊外にある京子さんが勤める店舗は、それに輪を掛けるようにドライブスルーも設置されていた。


ある夏の日の夜のことである。

ドライブスルーのメニューが書かれた看板の前に、客の車が停車した。

『いらっしゃいませ。御注文がお決まりでしたらどうぞお申し付けください』

いつも通りイヤホンマイクに向けてマニュアル通りの文言を唱えたのは、京子さん。言いながら防犯カメラを横目に見ると、客の車——黒のセダンの運転席には男性が一人座っており、助手席は空席となっているようだった。

あくまで防犯用の画角で映し出されているため、窓が閉まった後部座席の様子をしっかり窺うことはできない。

『牛丼の大盛りを汁だくで。あとは……お新香セットも一つお願いします』

これといった特徴もない極々一般的な男声で、つつがなく注文がなされた。

端末に注文を打ち込むと当日の調理担当が手早く盛り付け、京子さんは渡された注文品をビニール袋に詰め込んだ。

そうしている間にセダンは受取窓口までの前進を済ませ、京子さんのすぐ横に停車した格好となる。

京子さんは袋を傍の待機スペースに置き、窓口から顔を出した。

「お待たせいたしました――」

本来は続けて「御注文の確認をいたします」と言うべきだった。

だが、京子さんはまず息を呑んで目を見開いた。

牛丼大盛り汁だくのその男は、顔面の色が明らかにおかしかった。

全体が深緑色に染まっていて、更に何筋もの稲妻模様のような黒色が縦に引かれている。

これはまるで西瓜さながら。咄嗟の感想を抱くと、最近はそこかしこで夏祭りの類が行われていることに思い至った。

常識的に捉えるとこの男はこの世に存在しそうもない怪人のように見えるが、〈夏に西瓜のフェイスペイントをした男〉と看做したらまだ現実味がある。

それにしても、塗料で顔をペイントしたお祭り男と評するには随分と色味が深く、ユニークさよりもグロテスクさが勝っている。

恐らくはホラー映画のメイクアップアーティストさながらの凝った特殊メイクが施されているのだろうが、何故そこまでする必要があるのかは、この男のみぞ知る。

「——こちら、牛丼大盛り汁だくが一点と、お新香セット一点になります。料金は……八〇四円になります」

「あ。はい……」

怯んだせいで、通常のドライブスルーではあまり見られないだろう奇妙な間を作ってしまった。

恐怖の西瓜男は見開いた目で不思議そうに京子さんの顔を見つめながら料金を手渡し、袋を受け取った。

対面中、終始互いの様子に驚き合う気まずさが場に流れていた。

ペイントに関して気の利いた一言を投げかけるべきなのかもしれないが、下手なお愛想で気分を害されても厄介だ。

再び聞いた男の声からは、そのペイントの視覚的印象も手伝ってか、歳の程に全く当たりが付かず、結局それ以上のコミュニケーションは取れないままセダンは発車した。

「ねえねえ。今のお客さんの顔見た？」

京子さんは興奮冷めやらぬまま、近くでテイクアウト用の容器を補充している女性の同僚にそう訊ねた。

「見たよ」

「顔、ヤバくない？」

「え？　ああいうの好み？」

「ううん。好みとかじゃなくて、あの緑色のペイントよ。いかにも西瓜！　って感じで」

「西瓜？」

「西瓜っぽく見えなかった？」

「普通のおじさんじゃん」

同僚は感受性に乏しいのか、反応が芳しくなかった。

確かに、いい大人がフェイスペイントごときにはしゃぐのもおかしかろう。人混みが苦手で、祭りの様子にはさほど詳しくない。最近ではあれぐらいのペイント技術が当たり前になってきているのかもしれないのだ。

「……いやあ、ペイントが面白かったから、何か盛り上がっちゃった」

「ペイント？　普通のおじさんの普通の顔って感じだったよ」

「え？」

バガァァァァン！

店舗に面した通りの方面から、轟音が響いた。

「え！　なになに！」

見るとドライブスルーを出てすぐの場所で、黒のセダンの運転席側に灰色の乗用車が思いきり突き刺さっていた。

「ヤバっ！　事故じゃん！」

注文状況が落ち着いていたのか、音を聞きつけた調理担当が手渡し窓口から呑気に身を乗り出して「うわあ。あれじゃあ運転手がとんでもないことになってるよ」と言った。

ホール担当は携帯で百十番通報をしながら、店外まで様子を見に行き、五、六人いた客達は野次馬の機会を逃すまいと外へ出て行った。

ほとんど空になった店が、京子さんにも野次馬の免罪符をちらつかせる。

事故現場に出くわすのは人生の中で始めてだ。好奇心はあるものの、勤務中に堂々と外に出るのは問題があるような気がする。暫しそんな葛藤があったものの、店の近くで起きたことなので目撃者が多いほうがトラブルも少なかろうと自らに言い聞かせ、京子さんも外へ出た。

パトカーと救急車は程なくして到着した。

騒然とする事故現場に車載用ストレッチャーが運ばれ、いよいよそこに運転手が載せられる段階となった。

半壊したセダンから運び出された運転手の顔はぐちゃぐちゃで、真っ赤だった。

血まみれの肉が本来あった顔の面積より広がっていて、全体的に頭のサイズが大きく見えた。

飛び出た一つの眼球がへばりついた箇所がやたらと顎に近かったせいか、まるでトリックアートのように顔を顔と京子さんに認識させてくれない。

潰れた顔。

いや、破裂、炸裂した顔。

あのペイントが施されていた面影は全くなかったが、全体の赤色がペイントの中身を想起させた。

よって、京子さんは今もまだ西瓜が食えない。

ミティドゥエ

坂田さんから聞いた話。

坂田さんがかつて住んでいた社員寮には、ベトナム人の男性が住んでいた。

彼の名はグェン。日本語は上手くなかったがとにかく明るい性格で、社内ではムードメイカーとして皆から親しまれていた。

ある晩の寮の一室。

酒の場でのこと。

「トイレ、行く」

グェンがもじもじしながら立ち上がると、坂田さんもやんわりと感じていた尿意を解消させるべく、「おお。俺も」と胡座(あぐら)を解いた。

その日は三階の森山の部屋で飲んでいた。

寮の各階には共同トイレが設置されていて、二人はその方向へ向け肩を並べて廊下を歩んだ。

「あれ。グェン、どうした」

先にトイレのドアノブを掴んだ坂田さんを尻目に、グェンは黙って更に先へ歩を進めようとした。

「そのトイレ、行かない。ワタシ、そこは嫌い」

「へ？　そうなの？　何で？」

「そこダメ。行かない。ワタシ、下のトイレ行く」

「ここ、汚い？　臭いかな？　まあ、そうかもな」

「違う。汚い臭い違う。そこ、いる。ワタシがトイレ入ると、女、見てくる」

女が見てくる。

とはいえ、ここは男子寮だ。

三階のトイレでむさい男が用を足している所を、外から望遠鏡を使った女が覗いてくるとでも言いたいのか。

「どういうこと？」

「ワタシ、トイレ入る。ドア閉めると、上、上持って、女出てくる。知らない女、出てくる。ワタシに言う。分からない。日本語分からない。怖い。このトイレ、行かない」

トイレに入ると女が出てくる、とまでは理解できた。

『上持って』とは、大便用の個室の仕切りの上部を掴んで覗き込んでくる、という意味に思える。だとしたら、随分な話だ。グェンがかつてここのトイレでそんな体験をしたのなら、女の不審者が寮に侵入したということになる。

「え？　何それ、泥棒？　覗き？」

「違う。泥棒、違う。ノゾキ？　ノゾキ分からないけど、それかもしれない。女、たまにいる。ワタシこのトイレ行くと出てくることある。出てくるといつもワタシに言う。でも分からない、日本語分からない。何か言う」

「え？　え？」

「女、ずっと言う。ワタシ、分からない」

グェンは巫山戯た様子もなく、そう言った。

整頓すると、どうもこれは化け物の類について伝えようとしている。

でも、この寮でそんな話は他から聞いたことがない。

異国独特の感覚が持ち込まれているのだろうか。

「その女は何て言ってくるわけ？」

「ミイティドゥリ……ミ、ミ、ミティドゥ……ミティ……」

グェンは発音が難しいらしく、目を泳がせながら必死で口を動かした。

「ミティドゥエ……ミティドゥエ！　女は『ミティドゥエ、ミティドゥエ』とずっと言います。ワタシ、漏れます。もう下のトイレ行きます」

グェンはそう言い、足早に階段へ向かった。

坂田さんはそのまま目の前のトイレに入ったが、勿論女の化け物に覗かれることはなかった。

一週間ほどが経った朝。

寮の食堂にグェンの姿がなかった。

一同は銘々それぞれの現場に向かうことになっている。

単に寝坊をしている可能性も多分にあったが、そのときの坂田さんはなぜか強烈な違和感を覚えていた。

「なあ、グェンは？」

「ああ、あいつ昨日はコージの部屋で飲んでいたらしいよ。佐々木も一緒だったはずだから、訊いてみたら？」

言われて見回すと食堂の端の席に眠そうな佐々木の姿があり、坂田さんは早速尋ねた。

「ああ、グェン……。『トイレ行って、お休み』って言って部屋に戻ったな。うちらはそこからまだ二時間やってたから、まだ具合が……」

心配になった坂田さんはグェンの部屋のドアをノックしたが応答はなく、ドアノブを回すと呆気なく彼の不在に気づくことになった。

「おい。グェンがいないぞ」

「マジか。トんだのか？」

「あんな良い奴でもトぶのかよ」

グェンの失踪をその場にいた社員達は業界でよくある夜逃げの類として受け止めた。急にいなくなるにも借金なり、メンタルの不調なり個々の理由がある。帰ってきたなら御愛嬌。

「いやいや。あいつだったら、ちょっとは相談してほしかったな」

それぞれ複雑な心中を抱えつつ、現場に向かった。


同日。

仕事を終え寮へ戻ると、思わぬ騒動がまた起きていた。

寮から女が飛び降り自殺をしたというのだ。

既に警察が現場保存のための規制を寮内の一部に張っていて、緊張感が社員達の間に漂っていた。

女は寮の一室に侵入し、車の往来がある通りに目掛けて飛び降り、結果女は頭部を轢過されることとなったそうだ。

坂田は破られた裏口の窓を見て、その生々しさに気が滅入った。

聞き齧った話では、警察の調査によると女は社員とも寮とも関係がないどころか、遠方に居を構えた身だったそうで、なぜわざわざこの場を選んだのかは不明。

なぜ、わざわざ。

飛び込むためにグェンの部屋を選んだのかは。

不明。


「ほえええ。偶然……って感じでもなさそうですね」

「っすよねえ。これ、煙鳥さん向きの話っすよ。煙鳥さん、どう思います？」

「いやあ～。ヤバいっすよ～」

「『ミティドゥエ、ミティドゥエ』ってグェンは言ってたでしょう？」

「はいはい。それ、なんなんですかねぇ？」

「俺、思うんすよ」

「はい」

「あれって、『道連れ、道連れ』って言ってたんじゃないかって」

「ほ……ほえええ」

グエンは今も行方不明のままだという。

とある美容師の金縛り

美容師の仕事を始めてから、金縛りに遭うようになった。
寝床で動くのは目だけ。
医学的には脳がこのような現象を生み出していると聞いている。
疲れているからだろう。
確かに美容師は重労働だ。
動く目だけで馴染みの自室の様子を窺っても、別段異常はない。
やはり、医学的。
幾度も金縛りに遭う内に、慣れも生じてくる。
金縛りの最中に飛行機のジェット音のような耳鳴りがあったが、それにも慣れた。
鳴り始めに、少しだけ驚く程度だ。

ある夜。
また、金縛りに遭った。

目を動かす。
耳鳴りがある。
が、いつもと勝手が違う。
ザリ、ザリ、ザリ、ザリ。
ジェット音ではなく、まるで紙やすりをすり合わせたような摩擦音がする。
ザリ、ザリ、ザリ、ザリ、ザリ。
ザリ、ザリ、ザリ、ザリ、ザリ。
しばらくすると金縛りは解け、摩擦音も消えた。
覚醒したはずだが、いつもより部屋が暗く感じた。
何かがいつもと違う。
どこが違うのかは分からない。
あの摩擦音が引っかかった。
聞いたことがあるような……。

次の夜
また金縛り。

ザリ、ザリ、ザリ、ザリ。

ザリ、ザリ、ザリ、ザリ。

再びの摩擦音があった。

が、耳鳴りというには幾分遠くから聞こえる気がする。

いつものジェット音は頭の中で響いているように聞こえていたが、この摩擦音は臨場感がある。思えば昨夜もあくまで耳元から聞こえていて、頭部全体を埋め尽くす轟音と言えるものではなかった。

これは部屋のどこかで鳴っているような……。

集中すると、摩擦音はベランダのほうから聞こえているようだった。

前日は枕元、今はベランダ。

横目で窓のほうを見る。

カーテンに。

人影。

出せるものなら叫声を上げたかったが、金縛りの最中にそれは叶わない。

誰かがベランダに立っている。

三階のこの部屋のベランダに人がいる。

ザリ、ザリ、ザリ、ザリ。

ザリ、ザリ、ザリ、ザリ。

音を出すのだがその侵入者であることは分かる。

だが、カーテン越しでは何者が何をしているのかまでは確認できない。

熱帯夜の時期の窓は開いていて、カーテンの向こうには閉まった網戸がある。

網戸を通して、風が室内に流れ込んだ。

そして、カーテンが揺れた。

そよいだカーテンの隙間から人影だったものの正体が窺えた。

後ろ向きに立つ、ボブカットの女性だった。

俯き加減で、こちらに背を向けている。

顔は全く見えない。

風が止むと、また人影が現れた。

ザリ、ザリ、ザリ、ザリ。

不審者から目を離せずにいると、段々と影は小さくなっていった。

ベランダの存在を物理的に否定し、ただ前に向けて宙を浮きながら遠ざかっていっているような影の縮小だった。

ザリ！

一際大きい音がして、その瞬間金縛りが解けた。

上半身を勢いよく起こし、両手を下に付け我が身を支えた。

手に何かが触れて反射的に掴む。

見ると、一束の髪の毛だった。


ザリ、ザリ、ザリ、ザリ。

ああ、この音か。

仕事中、剃刀を手にレザーカットを施していた折に、あれが何の音だったか分かった。


ある日、店で客とこんな会話をした。

「あの、ちょっと言うかどうか悩んでることがあるんだけど、どうしよっかな、言っちゃおうかな」

「え、何ですか、気になりますよ」

「あのねぇ、いつものような話なんだけど、私、霊感あるの知ってるよね。あのねぇ、ちょっと怖いこと言ってもいいかな、あのね、さっきからあなたの後ろに、後ろ向きに立っていねぇ、どうなってんの、これ」

「でもねぇ、変なの……後ろ向きに立ってるはずなのに、あなたにおんぶしてるんだよ

る女が見えるの」

「え？」

　後ろ向きの女。

　この人はあの一件を知らないはずだが。

「……やめてくださいよ……後ろ向きの女を背負うって、ムズくないっすか」

「ねえ？　どうなってんだろうねえ」

　常連客は悪びれた様子もなく、鏡越しに見詰めてきた。

「ああ、分かった、腕と手がぐにゃぐにゃになっておんぶしてるんだ、そっか」

　どういうわけかその日のカット終了から先、その自称霊感があるという常連客はぱったり店に姿を現すことがなくなった。

姉の話

煙鳥君が語る、彼のお姉さんの話。

二〇〇七年の秋から冬に掛けての出来事である。

当時、姉は東北地方のとある大学に通っていた。

同じ東北といっても、福島の実家からはとても通える距離ではない。大学近くにアパートを借りた姉は、そこで気ままな一人暮らしをしていたようだ。

どれほど気ままかといえば——身内が言うには気恥ずかしいのだが——姉はこの時期、やけに男にモテていた。そして自分でも、その役得を積極的に享受していた。

離れて暮らしていたので詳しくは知らない。けれど確実に、付き合う恋人はちょくちょく変わっていたように思う。

流石に二股などの同時進行はしていないだろうが（そう信じたいが）、当時の姉にしてみれば、男をひっかけることなど釣り堀の鯉よりも簡単だったのだろう。

この時代、出会いの場として盛り上がっていたのは「ｍｉｘｉ（ミクシィ）」だ。まだ招待制がルールだった、あの頃のｍｉｘｉである。

２ちゃんねるなど匿名掲示板とは対照的な、インターネットなのに〝実名性〟が高いという目新しさ。

コミュニティの身内ノリが強いのに、同時に、使い方次第では新しい人間関係へと繋がっていけそうな期待感。

大学のパソコンルームに行けば、そこかしこのモニターに、あのオレンジ色の画面が表示されていたものだ。

現在のＳＮＳとも出会い系アプリともまた微妙に異なる、あの独特の空気感は、当時を知らない若者には想像しづらいだろう。

懐かしさのあまり、つい話が逸れてしまったので、もう一度言っておこう。

それは二〇〇七年の秋から冬に掛けての出来事だった。

姉はｍｉｘｉ内のとあるコミュニティに出入りしていた。どんなテーマについてのコミュニティだったかは、もう忘れてしまったそうだ。まあ、弟に知られたくなくて、覚えていないと嘘をついているだけなのかもしれないが。

とにかくそのコミュニティで、姉は、例の男と知り合った。

ファースト・コンタクトで互いを認識してから、個人間でメッセージをやりとりするようになるのも、リアルで会う約束を取り付けるまでにも、さほど時間は掛からなかった。

姉も男も、そうしたやりとりに随分慣れていたのだろう。

直接会ってみると、男は彫りの深い外国人めいた顔立ちをしていた。

その県の出身者は歴史的にロシアの血が混じっているらしいが、さもありなんといった感じ。とはいえバタくさいという訳でもなく、よく見れば地味で味のある容貌。

まあ一口で言えば、姉の好みだった。

また男は姉よりも幾つか歳上で、サラリーマンとしてしっかり働いているとのこと。コンパで見かける学生達よりずっと余裕がある立ち居振る舞いも、これまた姉のお気に召したようだ。

何度かデートを重ねるうち、姉と男は関係を持つようになった。相手のアパートも大学に近い立地だったので、よくお互いの家を行き来していた。

と、ここまでは当時も今もありふれた、何処にでも転がっているエピソードだろう。しかし話はここからだ。

言うまでもないが、お互いの部屋に泊まる際、姉と男は同じベッドで隣り合って寝ることになる。

そんなとき、男はいつも壁側に顔をくっつかんばかりに近付け、丸めた背中を姉に向けて眠りに就いていた。

一方の姉は、どんなに熟睡していても、必ず途中で目を覚ましていたそうだ。

あちら側を向いた男から、激しい歯ぎしりの音が響いてくるからだ。

このまま奥歯が噛み砕かれるのではないかというほどの、大きく荒っぽい音。

最初は心配して男を起こそうかとも思ったが、付き合いたての遠慮もあって無視することにした。

本人にはどうしようもない体質によるものだろうし、もしかしたらコンプレックスとして悩んでいるかもしれない。

凄く歯ぎしりの大きい人間がいたって、別にいいじゃないか。

同衾（どうきん）するたび聞こえる騒音について、姉は男に、あえて触れないままでいた。

そして冬がやってくる。

こちらの取材ノートを見返してみると、「十二月の何処かの日の昼だった」と、姉からの聞き書きメモが残されている。

その日、姉は男の家を訪れていた。男は留守だったが、合い鍵で中に入ることは事前に連絡していた。

そして男のパソコンを借りることも了承済みだったので、姉は早速作業に取り掛かった。

この頃、姉は塾講師のアルバイトをしており、そのレポート提出の期限が迫っていたのだ。

思いのほか難航するレポート作りに手間取っているうち、男が帰ってきた。

「おかえり～」

キーボードを打ちながら声を掛ける。

「大変そうだね。その仕事、まだ掛かるよね？」

姉が頷くと、男はいつもより覇気のない声で、

「僕、今日はほんとに疲れたから、いったん寝るわ」

そう呟くと、ベッドにごろりと横になった。

やはりこちらに背中を向け、壁ぎりぎりに顔を付けるような体勢を取っている。


ガリ、ゴリ、ガリ、ゴリ……。


しばらくすると、例の歯ぎしりが響いてきた。

……う～ん、ちょっとこれ、少し迷惑だな。

姉はなるべくモニターに集中しようとしたが、同じ空間にいるので、いやでも音が耳に

付いてしまう。

また、いつもの寝ぼけ眼で聞いている状況と違い、今は自分の目がくっきり冴えてしまっているのでなおさらだ。

……改めて聞くと、随分変わった歯ぎしりをしてるんだなあ。

姉はキーボードを打つ手を止め、まじまじと彼氏の背中を見た。

普通ならば「きりきり」と歯が擦れる高い音か、「ぎぎぎ」と噛みしめる低い音がするはずだろう。

しかし彼の歯ぎしりは様子が違う。

ガリ、コリ、ゴリ、ガリ、ゴリ、コリ……。

歯と歯の合わさる音というより、何か大きくて硬いものを齧(かじ)っているような、そんな風に聞こえるのだ。

……もしかして、梅干しの種でも口に入れてる？

いや、正確にはもう少し大きな物体のようでもある。

姉はそっとデスクチェアから立ち上がり、忍び足でベッドへと近付いた。

そして見下ろす形で、ガリゴリと激しい音を立てる彼氏の口元を覗いてみると。

……飴玉？

音とともに、こちら側の頬が盛り上がった。皮膚の下から浮かぶその形は、真球のような丸みを見せている。

ゴリ、グリ、と噛まれるたび、それは頬の向こうで上下し、また口中へと引っ込んでいった。

……でもこれ……随分大きな飴玉だな……。

膨らみから察するに、ジャンボ玉やチュッパチャップスを丸ごと口に含んだような、いやそれ以上の直径をしているようにも見えた。

……流石にこれ、喉に詰まらせたら危ないよね……。

そう思った姉が、より壁際に近寄って覗き込んでみると。

ガリ、と強く齧る音に続いて、彼氏の口が半開きになった。

と同時に、歯と歯の間から、あるものがこちらに垣間見えた。

目玉。

それも恐らく人間の眼球。

茶色めいた角膜と虹彩、その中心の黒い瞳孔までが、はっきりと確認できる。

次の瞬間、彼氏の顎関節が狭まり、ゴリ、と硬い咀嚼（そしゃく）音が響く。

そしてまた口が開くと、今度は裏側になった眼球が現れる。

灰色がかった白い表面に、血管が細く広がっていた。

ガリ、ゴリ、ガリ、ゴリ……。

咀嚼、半開き、目玉、咀嚼、半開き、目玉。

一定のリズムで、目を疑う光景が展開していく。

彼氏は明らかに、目玉を齧っている。

しかし鳴り響くのは何故か、恐ろしく硬いものを噛んでいるような音。

そんな音とともに、眼球がくるくると口中を転がっている。

「なに、これ」

ようやく、姉の口から低い声が漏れた。

それに反応したのか、男の身体がこちら側に寝返りを打って、

「……ああ？」

半分眠ったままの吐息が漏れた。

その、「あ」の形に大きく開いた口から、目玉がごろりと飛び出した。

瞳孔がはっきり、こちらを向いた。

文字通り、自分と目が合わさっている。

ただの眼球だ。人の顔のような表情は作れない。

しかし姉ははっきりと、その目玉が「自分を見つけた」ことを確信した。

目玉はするりと口の中に潜り込んだ。ごくり、という音が必要以上に大きく聞こえた。内部が見えずとも、そのまま喉の奥へと引っ込んでいったことが気配で伝わってきた。

「……どうしたの？」

彼氏が寝ぼけ声を漏らした。

姉は硬直した視線を、ほんの少しだけ上にずらした。そこで思わず息を呑みこんだ。

彼氏はまだきちんと目覚めていない。その瞼は両方とも閉じられている。

そして瞼は二つとも、内側にへこんでいた。

そんな光景を見たのは生まれて初めてだったが、何故なのかは一瞬で理解できた。

眼球の膨らみがないのだ。瞼の奥にあるはずの目玉が消えているのだ。

姉は声すら上げられず、バッグをひっつかむと玄関に向かって駆けだした。

その騒ぎで、ようやく男は覚醒したようだ。

「違うんだ！」

背中から男の声が響いたが、姉は構わず靴を履いた。

「何でもないんだ！　大丈夫なんだ！」

振り向きもせず、ドアノブを傾けて外に飛び出す。

外廊下を足早に進んでいくうち、男も玄関の外に出てきたようだ。

「ごめん！　しょうがないんだ！」

しかしそれ以上、声は近付いてこない。

姉はそのまま歩みを止めなかった。振り向いて確認することもしなかったが、声の距離感で、男の位置はおおよそ把握できた。

外階段を下りきって道路に出たときも、男は恐らく玄関前の手すりに立ちつくしていた。

そこから必死に、自分に向かって叫んでいた。

悲鳴のような、懇願のような、許しを求めるような、哀れな金切り声だった。

それでも姉は振り向かなかった。

「待ってくれ！　誤解なんだ！」

男の哀願に、ほんの少しだけ、振り向くべきかもしれないとの思いが頭をよぎった。

「悪かった！　でも違うんだ！」

しかしある言葉を聞いた瞬間、その思いも打ち砕かれた。

「今は俺の番だから！」

そこからずっと男は、同じ言葉を繰り返すばかりだった。

「今は俺の番だから！　今は俺の番なんだから！」

叫び声はやがて聞こえなくなった。

その後はもう二度と、姉は男に、連絡すらも取っていない。

見知らぬ風呂場

「ええと、まあ男性の体験者さんなんですけど、えっと、この人が小学校二年生から六年生に掛けて、何度も同じ夢を見ていた、と」

煙鳥君が怪談を語りだす。

「その同じ夢というのは、いつも決まって、うたた寝をすると見てしまうんだそうです」

夜、布団に入ってきちんと睡眠を取っているときには見ない夢。

机に突っ伏していたり畳にごろ寝していたりの、浅い眠りのときにだけ現れる夢。

そして八歳のときに初めて見て、十二歳になる前にぱたりと見なくなった、とある夢。

その夢の中で、男性はいつも、見知らぬ風呂場に立っているそうだ。

自分の家でもなく、友達の家でもない。一体どの家で見かけた風呂場なのか、全く心当たりがない。

水色のタイルが細かく敷かれた床。照明は点いていないが、小さな窓からは薄明かりが射し込んでいて。

浴槽はやけに真四角だ。自宅の横長のバスタブとは随分違う。その脇には、これまた見知らぬ機械が置かれている。レバーやダイヤルらしきものが付いており、風呂場というよりも工場で使うような機械に見える。

浴槽を閉じている蓋もまた、これまで見たことのないものだった。

白く細長いプラスチック板が幾つも幾つも繋がっている。それらの繋ぎ目はフチになっているので、一枚の蓋に均等な段々が連なっている形だ。

夢の自分は何故か、その風呂蓋をじいっと見つめている。

子供の自分が知っているものの中で例えるなら、「閉まっているお店のシャッター」が近いだろうか。

ただこの蓋は金属のシャッターと違って柔らかそうなので、板と板との繋ぎ目を曲げて、どんどん折り畳んでいけるだろう。

仄暗い風呂場で、いつまでも、じいっと、そんな風呂蓋を見つめていると。

　ぱたり。

不意に、蓋の一番端の板が浮かんで、折り畳まれた。

おや、と思ううちにまた。
ぱたり。
次に端となった部分も、上のほうへと畳まれた。
――指だ。
人の手の指が、浴槽の中から飛び出ている。
その指が、蓋を下から持ち上げて、
ぱたり。
端から順繰りに畳んでいく。
ぱたり。
細くて長くて白い指。女の手のようだ。
しかし、この女は蓋の下で、ずっと湯船に浸かっていたのだろうか。
だって指の腹がすっかりふやけて、しわしわになっているから。
ぱた、ぱた。
ふやけた指が、下から上に、下から上に、どんどん蓋を畳んでいく。
ぱた、ぱた。
畳まれていく蓋は、端からロールケーキのように丸まっていく。

だからもう、開いた口から湯船の中が覗き込めそうなのだが。

ぱた、ぱた、ぱた。

浴槽の中は、仄暗い室内よりも一層暗く、そこに入っているだろう人も、溜まっているだろう湯水も、闇に沈んでよく見えない。

ぱたり。


「っていう夢を、一年に七、八回くらいだったかな？　のペースで何年も見続けてたらしいんですよ」

うたた寝するたび、いつも見知らぬ風呂場の夢を見る。

どんなときでも寸分違わぬ状況で、全く同じ場面が進行していく。

蓋が半分ほど折り畳まれたところで目覚めてしまうのも、いつも一緒。

「それを何回も何回も何回も見るから、まあそのうち慣れてくるんです。もう見知らぬ風呂場じゃなくて、よく知ってる風呂場と言ってもいいくらいに」


そして小学六年生の、ある夏の日。

男性が学校から自宅に帰ってきたのは、夕方前辺り。もう出かけるには遅いが、家族が帰宅するのは五時過ぎなので、中途半端に時間が余っている。

――まあいいや。

ランドセルを下ろし、リビングの絨毯（じゅうたん）に寝転んでみる。さてどうしようお腹空いたけど晩ご飯はもうすぐだよな宿題するのも怠いけど……等と、つらつら頭を巡らせているうちに。

いつのまにか、あの風呂場に立っていた。

水色のタイル、小さな窓、真四角の浴槽と奇妙な機械、そして段々の付いた風呂蓋。

もう数十回も見た風景であり、次に起こることも見当が付く。

ぱたり。

ほらまた、ふやけた白い指が出てきて。

ぱた、ぱた。

ゆっくりと一段ずつ、端から蓋を畳んでいく。

ぱた、ぱた、ぱた。

それで半分くらいまでいったところで、いつもみたいに目が覚めるのだろう。

ぱた、ぱた、ぱた、ぱた。

おや、と思った。

半分を過ぎてもなお、指は止まらず蓋を丸め続けていく。

ぱたぱたぱたぱたぱたぱたぱた。

あれよという間に、蓋は反対側の端に届く勢いで畳まれていく。

もう全体が丸まりきってしまうかに見えた、その直前。

ぱたり。

指が止まった。

浴槽の口は、これまで見たこともないほど大きく開いている。

その口から、ぬっと黒いものが突き出てきた。

女だ。

髪の長い女の顔だ。

どんな目鼻立ちをしているかは分からない。

ぐっしょり濡れた髪の毛が垂れ下がっているから。

顔の前面にへばりつき、覆っているからだ。

ただ一点、白いものが見える。

鼻の先だけが髪をかきわけこちらに突き出ている。

ぬらぬらと黒い髪の毛の中で、そこだけがいやに白く濡れ光っている。


「うあああああ！」

自分の叫び声で飛び起きた。

「何だよ今の……」

いつもと違う夢の展開を、なじるように独りごちたところで。

ガチャリ、と金属の擦れる硬い音が響いた。


ガチャ、ガチャ、ガチャガチャガチャガチャガチャ。


明らかに、すぐ近くのダイニングテーブルの上の食器が震えている音だ。

――あ、地震だ。

そう思い、横になったまま顔だけを台所のほうに向けると。

女が、いた。

あのびしょ濡れ髪の女が、ダイニングテーブルの下に潜り込み、身体を横に寝かせている。

やはり顔にへばりついた髪から、鼻の先だけが突き出ている。

下着もしくは薄いワンピースのような服を身に着けているが、それもぐっしょり濡れている。

そして「く」の字に折れた身体全体を、ひきつけを起こしたように痙攣させている。

ガチャガチャガチャガチャ

テーブルの脚から振動が伝わり、天板の皿や小鉢が擦れて鳴り響く。無言で震える女の代わりに、食器達が甲高い悲鳴を上げている。

考えるより先に、身体が動いた。

男性は立ち上がりもせず、すぐ近くの掃き出し窓へと這っていった。夏なのでガラス窓は元々開けている。網戸だけを震える手でスライドし、そのまま庭へと転がり出た。

そしてすぐに上体を起こし、家の中を振り返ったのだが。

女の姿は消えていた。

ダイニングテーブルの周りには、何の異常も見当たらない。

ただテーブルの上の食器だけは、振動の余韻が残っているかのように、小さく震える音を立てていた。

カチャ、カチャ、カタ……と。

それも一秒か二秒ほどで、後はすっかり静かになったのだが。

その後、男性は例の夢を見なくなったそうだ。

まあ、子供の頃の奇妙な思い出に過ぎない。

ただの夢といえばただの夢だし、びしょ濡れの女だって寝ぼけた頭が見せた幻覚かもしれない。

男性はやがて夢のことを忘れ去ってしまい、中学、高校と思い出す機会もなかった。

そうこうするうち、東京の専門学校に入学。上京しての一人暮らしが始まる。

その準備段階として、学校が斡旋(あっせん)してきた不動産屋とともに、都内の物件をあちこち見て回ることとなる。

担当者は明るい中年女性で、一緒に内見しながらその物件の長所短所を細部にわたり、かつ明け透けにまくしたててくれた。

「そこは、五軒目くらいの部屋だったそうですが」

六畳プラス六畳の1DK、風呂トイレ別。築年数は古いが立地・家賃もお手頃。格安とまでは言わずとも、これまでと比べて非常にバランスの取れた物件だった。

「うん、いいですねえ、ここ」

乗り気になった男性は、奥へ奥へと足早に内見を進めていった。

しかし居間の端のガラス戸を開けたとたん、身体がすくんでこわばった。

水色のタイル、小さな窓、真四角の浴槽と変な機械。そして段々の付いた風呂蓋。

あの見知らぬ、いや、よく見知った風呂場が、目の前にあった。

十八歳になった今ではもう、風呂蓋の形状を「蛇腹」と表現することも知っている。

そして現物を見るのは始めてだが、浴槽の脇の機械が「バランス釜」と呼ばれていることも知っている。

だが、かつての自分は知らなかった。小学生の自分は、絶対にそんなものを知っていたはずはなかった。

それなのに、どうして。

俺はこの風呂場を、あれほど正確に、何度も何度も夢に見ていたんだ？

蛇腹の蓋も、バランス釜の機械も、いやそれだけでなく、細かい水色のタイルも、薄明かりが射し込むこの小さな窓も。

まず驚きが、次に疑問が、そしてようやく恐怖が、身体の底から湧き上がってきた。

ゆっくり後ずさりながら、風呂場を出る。

そこでまたあることに気付いて、後ろを振り向くと。

不動産屋の女性は、開け放たれた玄関の外に立っていた。

いつも一緒に室内に入り、細部まで内見しているのに。

何故かこの部屋だけは、一歩たりとも足を踏み入れたくないようなのだ。

「……あの、不動産屋さん」

震える声で男性が訊ねる。

「ここ、出ます？」

返事はない。

相手は、明らかに引きつった笑顔を浮かべるだけで、何も答えない。

「……あの、ここ、何かありました？」

すると女性は、片側しか笑っていない表情を凍りつかせたまま、絞り出すような声で、
こう答えたのだという。

「何もないですよ」

百物語の夜と朝

古参の怪談マニアなら、インターネットラジオサービス「ねとらじ」の名前を御存じのはずだ。

日本における個人の独立系インターネットラジオ放送、いわゆる「ネットラジオ」の文化は、恐らく一九九〇年代半ばに始まったと思われる。これがインターネットの普及とともに草の根で広がり、九〇年代後半には関西を中心として、非商業的な一般人パーソナリティによるフリートーク形式の番組が数多く誕生した。

そして二〇〇〇年代前半に勃興してきた「ねとらじ」が、更に一般人のネットラジオ制作を気軽なものとしていく。二〇〇五年から日本で開始した「Ｐｏｄｃａｓｔ」とは、部分的に重なり合いつつも何処か棲み分けされたような形で、共にネットラジオ配信の普及を為していった。

そしてラジオという音声メディアと相性が良いのは、言わずもがな、怪談語りだ。

「ニコニコ生放送」よりも数年前、勿論近年の「ＹｏｕＴｕｂｅ」大流行よりはるか前。日本における怪談の配信文化は「ねとらじ」により始まったと断言して良いだろう。

煙鳥君の怪談歴も、この「ねとらじ」から始まった。

ねとらじでの怪談放送を重ねていた煙鳥君は、同じく配信仲間であるこたろー君と、何か面白い企画ができないかと話し合っていた。

二〇〇七年のことだという。

「ネット配信だけじゃなく、一度、生のライブでもやってみたいね」

「そうだね。うちらだけじゃなく、来てくれたお客さんにも語ってもらう感じで」

「それなら、いっそ百物語会にしてオールナイトで百話の怪談を語っちゃおうよ」

百物語の会を主催すること。それは怪談マニアが必ず一度は通る、通過儀礼のようなものだ。

しかし煙鳥君とこたろー君については、マニア度が群を抜いていた。

「理想の百物語会をやってやろうぜ、ってこたろーさんと盛り上がっちゃったんですよね」

まず、本当に火の点いた蝋燭を百本立てて、一話ごとに消していきたい。

そんなことは勿論普通の蝋燭では不可能なので、二十四時間燃え続ける災害用のものを用意した。

「予備も含めて一〇八本。当たり前ですけど、大きな段ボール箱にギッシリ詰まった物が届きました」

また会場はなるべく広いスペースを借りて、人と人との間隔を離して座らせていきたい。お互いの姿が蝋燭の薄明かりにぼんやり浮かぶ中、怪談を語る声だけがくっきり聞こえてくるように。

それらの工夫が実現でき、かつレンタル賃も低めとなると、借りられる会場は自然と限られてくる。

「ちょっと場所はボヤかしたほうがいいかな、と思うんですけど」

神奈川県の山間部のほうの、とあるロッジを貸し切ることにしたそうだ。

当日、集まったメンバーは十五人ほど。

管理人のおばさんから色々な注意事項を受け、渡された鍵で中に入る。

「おおー、いい感じじゃん！」

柔道の道場ほどの広々としたスペース。

南側は採光のため、ほぼ全面にわたってガラス張りの掃き出し窓が幾つも連なっている。

その先からは山の斜面が下りていく立地なので、見晴らしも日当たりも最高だ。

もっともどんな絶景であろうと、夜通しの百物語会をする彼らにとっては関係ないことなのだが。

いそいそと蝋燭を並べ、夜二十一時になったところで会がスタート。

集まった全員にとって初めての百物語会。いやそれどころか、これだけのイベント企画を催したのも、ネットで知り合ったメンバー全員が現場に集まるのも、これが初めてだ。

それぞれ気合いの入った、とっておきの怪談を、順番に披露していく。

各話が終われば蝋燭の火を一本消し、感想や考察について、ああでもないこうでもないと話の花が咲く。

そう、これこそが百物語会の未体験者が必ず見落とす盲点なのだが……。

そのようなスローペースでは、とても一晩で百話をこなすのはおぼつかない。

全員が尺の短い話を心がけ、合間の感想など抜きで、システマチックに交代していかなければ、数時間で百もの怪談を語るのは不可能なのだ。

実際、この会もやっと十話まで語り終えた時点で、最早二時間近くを費やしてしまっていた。

「もうちょっとペースを上げていこう」

やや焦りながらも、十一話目、十二話目と進んでいき。

十五話目が語られている最中のことである。

——ガタッ。

その場にいた全員の目が一斉に、語り手でないもののほうへと向けられた。

不意に、煙鳥君が立ち上がったからである。

北側の壁に背中をもたれて座っていた煙鳥君が、何故か腰を上げ、何処かへ移動しようとする気配を見せた。

が、すぐに座り直したので、一同がささやかな違和感を抱きつつも、会はそのまま進行していった。

数時間後、夏の朝日が早々に昇ってきた。

やがて南一面の窓から、眩しいほどの陽光が射し込んでくる。

しかし百物語会は、まだ半分ほどしかノルマをこなしていない。

「おいおい、もうすっかり明るくなっちゃったよ」

怖い話を募らせているという緊張感も薄れてしまった。折角離れて座らせた参加者達も、最早気怠い表情がお互いはっきり目視できてしまう。

会場全体に、何処か弛緩した空気が漂いだしたのだが。

「いや、これ、おかしいな」

そんな中、煙鳥君だけが一人、引きつった表情を浮かべていた。

「あの、ちょうど僕の番がきたんで話しますけど。数時間前？　夜の十一時台くらいかな。今ここにいるこの会場で、自分、変なものを見たんですよ」

――ほら、その辺りの時間で、僕、一度立ち上がりかけたじゃないですか。

そのとき、僕、管理人のおばさんがゴミを回収しに来たと思ったんですよ。

「夜中に一度、ゴミを取りに来ますから」って言われていたので。

でも入り口の扉に、誰も近付く気配も音もしてこないんです。だから、あれ違うのかなって座り直したんですね。

ここって周りに砂利が敷き詰めてあるから、もし誰か近付いたら音がするはずじゃないですか。

昨夜は凄く静かな夜だったたし。「虫の声がうるさいくらいだね」って誰か言ってましたよね……。

っていうか、そうだ。

今気付いたけど、砂利を踏む音が一切しなかったのもおかしいんだ。

うわ、やばい、やっぱりあれって……。

あ、ごめんなさい、これは、僕が立ち上がる前に起きたことについてです。

あのとき、多分十五話目くらいのタイミングです。

僕、この壁にもたれて座っているから、ちょうど窓の真正面に向きあう形になるんですよ。

窓ガラスの向こうの景色なんて、外は真っ暗だし、こちらの蝋燭の光を反射しているし
で、ほとんど見えないんです。とはいえ、何となくベランダまでは視界に入ってましたね。

そのベランダの向こうを、女の顔が通り過ぎていったんです。

顔だけ、です。

そこ、掃き出し窓なので、ベランダの床まで見えるじゃないですか。

その床ぎりぎりのところから頭だけ出してる女がいたんです。

こちらを、僕のほうを向いてました。

僕の側から見て左のほうに、カクンって顎を傾けていました。

だから前髪がおでこを隠すように垂れていて……。

今思えば、酷く青い顔色をしていたように思えます。

それが正面を向いたまま、すすすすっと左から右に横切っていきました。

でもそのとき、僕、不思議には思わなかったんです。

ほら、この建物の床下って、地面より随分高い位置まで設計してあるじゃないですか。

多分湿気取りとか水除けのためなんでしょうけど。

だから、地面を人が歩いていたら、ちょうどベランダの床から顔だけ見える形になるよな……って納得したんです。

多分、ゴミを回収しにきた管理人さんだなって。

でも、そこから全く人の気配がしない。おかしいなと思っているうちに自分が話す順番になって、ウヤムヤになってしまったんですけど。

今さっきですよ。

明るくなって、ちゃんとベランダの全貌が見えて、気付いたんです。

そこのベランダの端っこ、手すりが付いてますよね。その手を載せる部分——笠木っていうんでしたっけ——の下は、全体としては柵にはなってないですけど、勿論支えるための支柱はところどころ付いてます。

その支柱、かなり太いですよね。大人が両腕で抱えるくらいの太さありますよね。

ということは、です。

外を人が歩いていったのであれば、ところどころ、その支柱に顔が隠れて見えなくならなきゃいけないはずですよ。

途切れ途切れに見えたり隠れたりしなきゃいけないですよね。

でも斜めになった女の顔は、ずっと、途切れなく見えていました。ていうことは、建物の外じゃなく、ベランダの上にいたってことですよね。床から頭だけが突き出ていたのか。それともペタンとうつ伏せになって、横にずるずる這っていたのか……。百物語をやると「出る」って言いますけど、本当だったんですね。でも、あんな早いタイミングで「出た」ってことは、ちゃんと百話目が終わったときにはどうなるんでしょうか……。


この煙鳥君の目撃談も、百物語の一つとしてカウントされた。

そんな百物語会がようやく終わったのは、十時を過ぎた辺り。実に十三時間もの長きに亘ったのである。

太陽はすっかり空高くまで昇り、皆はひたすら疲労困憊(こんぱい)していた。

やりきった、とにかく最後までやりきった。

そう思うばかりで、何一つ「出る」気配すらなかったことについては、誰も気にしていなかったようだ。

足を喰らう女

1　プロローグ

二〇一五年八月九日午後六時ちょうど。

そう、ちょうどのことだった。

僕のスマートフォンに一通のメッセージが届いた。

『御無沙汰しております。訳の分からないことが今日の昼にありまして、自分の頭では処理できず、御連絡させて頂きました。〈あしをたべる〉という儀式？　儀式かどうかも分かりませんが、何か〈あしをたべる〉に因んだキーワードって、何か聞いたことはありますでしょうか？　今メッセージを打つ手が震えています。お知恵を貸してください』

送り主は笹川美恵さん。

笹川さんはかつて僕に怪談を提供してくれたことがある、いわば怪談仲間と呼べる知人だ。

本業は企業向けの心理カウンセラーで、副業は女性向けのマッサージサロン経営。趣味で楽器演奏などもこなしていて、ライブをちょくちょくしているとも聞いていた。

笹川さんが「副業が忙しくなるのは避けたい――」と以前の取材時に言っていたのを覚えている。彼女は続けて「大きな収入を得るのが目的ではないので……」と話し、サロンの看板や広告などを出さず、宣伝は口コミのみを頼りにしていることを僕に明かしていた。〈あしをたべる〉という衝撃的なフレーズが入ったメッセージに興味をそそられた僕はすぐさま返信し、更に連絡を重ねて詳細を訊いた。

この「足を喰べる女」は、こうして始まった笹川さんと僕のやりとりの記録を再構成したものとなる。

いや。

僕と笹川さん。

それと、ある女との関わりの記録といったほうが正しい。

メッセージがあった日から一カ月ほど話は遡る。

2　発端

同年七月中旬のある日。

笹川さんのサロン用携帯に着信が入った。

非通知だったが、受話すると女性の声で予約の旨が告げられた。

予約者の女性の名は、仮にHとする。


予約日の同月二十四日、Hが来店した。

Hは黒髪をボブカットに、ひざ丈の白いワンピースを着込んでいた。

顔立ちは涼やかで、一見して清楚な印象があった。

しかし、フロアでアロマを焚いているせいか最初は気付かなかったが、しばらく側で応対しているうちに段々と彼女の体臭が気になってきた。

それはまな板に載った魚を思わせる、酷い臭いだった。

笹川さんは見た目の美しさと漂わせる生臭さのアンバランスさを残念に思ったが、勿論口にはできない。

初回来店者にはカルテを記入してもらうことになっていた。

だが、Hは何故か姓だけを書き、名を書かなかった。他の欄を見ても、生年月日が空欄のまま年齢だけが記されたりと、Hの回答には気になるところが幾つかあった。

カルテの項目とその答えを引用する。

名前　……※Hから始まる姓
年齢　三十五歳
住所　不定
アレルギー　なし
睡眠時間　三時間
睡眠の質　浅い
生理　不順
出産経験　あり
運動　なし
仕事　無職（修行中）
食生活　不定期
食の指向　（空欄）

嗜好品　タバコ　なし
アルコール　なし
ダイエット中かどうか　なし
症状　頭痛、足のむくみ、めまい、貧血、寝不足

睡眠時間が酷く少なく、食生活も不定期。生活パターンも良くない。貧血等等の症状が出ているのは、これが原因なのかもしれない。

笹川さんは、カルテに記入させたのち、注意事項の説明に入った。

「食事直後にマッサージを受けると消化不良等を起こしてしまう可能性があります」

「私は今、修行中だから限られたものしか食べていません。今日だって、何も食べてはいませんので」

仕事　無職（修行中）

当然不審に思ったが、この回答についても追求することはできなかった。

Hの印象について、笹川さんは『日々、とても穏やかに過ごしているような感じなんですよ。世間ズレしたお嬢さんっていうか、何ていうか。でも言ってることが言ってることなので、酷くアンバランスさを感じました』と僕に伝えた。

「今日は何処を中心にやります？」

と訊くとHは、

「足が痛い……怠いんです」

と言った。

施術前に外傷や内出血の類はないかとHの身体を検めたが、身体も肌も綺麗なものだった。プロの目から見ると美容のために特別な何かをしている感じはなく、むしろ何もしていないからこそのツヤが感じられた。

しかし、依然として生臭い。

ベッドに横になってもらう際、Hはぼそっと「アレが原因かな……」と独りごちた。

その言葉にはこちらに気に掛けてほしいような響きもなく、いかにもただ口から洩れたような印象があった。後でクレームを付けられても困るため正直聞き捨てならない呟きだったものの、触らぬ神に祟りなしとこの場を判断した笹川さんは聞こえないふりをして施術に取り掛かることにした。

Hの身体に触れてみると、歩きすぎているような凝りもなく、足のむくみも極々僅かだった。水分がやや欠乏している節が見て取れたが、それでも十二分に健康体といえる。

人間の足の裏には反射区というものがある。身体の悪いところに対応して足の裏面の随所に影響が出るのだ。通常、患部を触ると痼り（しこり）のような手応えがあり、触れられた側はそこに痛みを覚える。足の裏も、その対応する場所を触ると何かしらの反応を人は表す。そういう訳で、不調を訴えてくる人は施術中に大なり小なり、苦痛を訴えてくるものである。だが、Hには全くその反応が感じられなかった。触感に異常はなく、患部に当たる部分も見当たらない。それでもHはふと思い出したように「足が怠い足が怠い」と繰り返す。笹川さんは何処に彼女の足の違和感の原因があるのかまるで分からないまま、首を傾げつつ一通りのマッサージを施した。

施術を終えた後、笹川さんは店のシステムの説明や世間話をしながら、Hとハーブティーを飲んだ。

「カウンセリングもやってらっしゃるんですよね？」

「え？　ええ。まあ」

笹川さんはその時点でHに本業のことを話していなかった。

人づてに聞いたのだろうか。

「興味があるんです」

「そうですか……」

「次の予約、今取れますか？」

「ええ。希望の日時が空いていましたら」

Hはその場で二度目の予約を入れ、帰っていった。

3　救援

八月三日。

Hは予約の通り二度目の来店をした。

住所　不定
仕事　無職（修行中）

当たり前といえば当たり前だが、初回来店のときと服が変わっていた。住所不定無職の身なりとは程遠く、白を基調とした服装には相変わらず清潔感があった。

しかし期待を込めて息を吸うと、鼻腔に以前と変わらぬ生臭さが飛び込んできた。

心なしか初対面のときよりも顔色が悪くも思える。

「あの日マッサージをしてもらって、すっきりした感じがしました。これはまたお願いしなきゃ、と思ってそのまま予約しちゃったんです。良いお店に出会えたなあって嬉しくなっちゃいました」

Hは前回よりも多弁気味だった。笹川さんはこの機会を好都合と捉え、前回より踏み込んだ会話に持ち込んで、疑問を解消しようとした。

「足が怠い、と仰っていたのはもしかして修行が足に影響しているんですか？　その……どういった修行をなさっているんですか？」

「……魔女とは少し違うんですけれど、呪術師になるための修行をしているんです」

魔女。

呪術師。

返す言葉が全く見当たらない。

「……大変ですね。私もマッサージの資格を取得するのは凄く大変でした。何事もマスターしようとするのは凄く難しいことですよね」

何とか話を逸らそうと、主語の分母を大きくしてそう返した。

「はい。その道のりは本当に険しいんです」

「ええ。そうでしょうとも……」

「こういう話ができる人がいないので、探していたんですよ」

「ええ。はい……」

探していた、という言葉が妙に引っ掛かったが、結局はそれ以上深追いをせずその日の施術を終了した。

再び、術後のお茶を出す。

「先生はやっぱり……とっても良いです。次は八月九日でお願いします」

「ありがとうございます。その枠も空いておりますので――」

笹川さんはHとの別れ際、最も気になっていたことを切り出した。

「――ところで、Hさんは誰の紹介でこちらに来られたんですか？」

「〈とくのうえしょうじょう〉さん。〈とくのうえしょうじょう〉さんからの紹介です」

笹川さんは言われた名前を脳裏で巡らせたが、知人友人、顧客の中にその名は浮かばなかった。

閉店後、必死でカルテと携帯の電話帳を確認したが、やはり〈とくのうえしょうじょう〉の名前はない。

僕がこの筆を執っている現在もまだ、Hにサロンを紹介した人が誰であるのか分かっていない。

八月九日。
H、三度目の来店。
服装こそ変えているが、相変わらず生臭い。

施術が始まると、Hはおもむろに、

「私が今の修行をしているきっかけがあるんです。今日は、カウンセリングだと思って聞いてもらえませんか」

と言った。

魔女。

呪術師。

この女はこれから何を話しだすつもりだろうか。

「……はい。私でよろしかったら伺います」

この女は一体、何者なんだろう。

「私は、十八歳のときに父の子を産んでいるんです」

まっすぐな目で、Hはそう言った。

それは落ち込んでいるようでも重大な告白を告げるようでもなく、かといって嬉々としている訳でもなく、ただ淡々と何でもないことを話すかのようだった。

〈出産経験　有〉

「それがきっかけで、生きていくということを模索し、もやもやとした気持ちを晴らすために修行をしているんです」

「……はい」

「修行には色々なものがあるんですが、私は――あしをたべるんです」

笹川さんはそのセリフを脳内で漢字変換するのにしばらくの時間を要した。

あしを。

たべる。

「多分、私はあしをたべているから、それが足に出ているんです」

足を。

食べる。

「これがきっかけなんです」

お茶を飲んだ後、Hは同月十九日の予約を取って帰っていった。

この女は何者なんだ。〈足を食べる〉とは何をすることなんだ。

Hが笹川さんのように話を聞いてくれる人を探していたであろうことは想像に難くない。

ということは、いつからかHは誰かに修行のことを話したいという意図を持っていたのだろう。しかしHにどんな理由があろうとも、おいそれと公にしていない笹川さんの二足の草鞋（わらじ）について調べ、狙うように訪ねてきたのだとしたら道徳違反だ。笹川さんからすると全体的に不審な女が半ばストーカーを思わせるような登場をし、しかもこれから客として相手していかねばならないという局面に立っている。

足を食べる。

極め付けにこんな言葉まで飛び出しさえしたのだ。

こうして笹川さんは同月九日、まさに「あしをたべる」という言葉を耳にしたその日に、冒頭のメッセージを僕に送ることになり、僕は日を改めてこの一連を通話の中で聞いた訳である。

そして。

ここからはその僕との通話を終えた直後のことになる。

笹川さんの携帯が鳴った。

非通知。

した。

僕との会話がまだ頭に残っていたこともあり、笹川さんはHづくしの時間にうんざり

『お元気ですか！　最近、暑いですね！』

Hからだった。

Hは不気味なほどに高揚した口調だった。

『本当！　先生のおかげで助かってます！　ええ！　とっても！』

その調子で話す内容は概ね次回の予約確認だったが、Hは、

『最近暑いので、次は冷たい食べものを持っていきますね！　先生のお身体にも何かあってはいけませんから！』

と脈略もなく提案しだし、断る間もなく通話が終わった。

静まったスマホを手に、笹川さんはふと自分がHに見張られているのではないかと疑念を抱いた。我が身を案じたとはいえ、守秘義務を破って僕に話した直後である。さらにはあの生臭く不気味な女が、飲食物を持ってくると言ってきたのだ。あの女はこちらの行動を見張っていて、何らかのプレッシャーを与えるために電話をしてきたのではないだろうか。

笹川さんの発想は被害者意識が強く、あまりに荒唐無稽な発想とも取れるが、事実Hと

会った三回全てが荒唐無稽に満ちていた。

笹川さんにとって、Hはただの顧客ではない存在になっていたのだ。


一方、僕。

いや、僕と怪談配信者のこたろー、空海で構成する「オカのじ」をはじめとする、怪談マニア――通称〈怪談ジャンキー〉達はこの笹川さんの連絡に色めき立っていた。

怖い。不気味。生々しい。謎めいている。

しかも、実話。

実際何を食べている女で、何を体験者の方に摂取させようとするつもりなんだ。

呪術師？

最高じゃないか。

突き止めたい。

こいつが、一体何者なのか。

こうして僕らは持てるオカルト知識と妄想を武器に、Hの実像を追うことにした。

4 僕らの「足を食べる」考

笹川さんからここまでの話を聞いた後、僕らは様々な推理、考察を重ねることになった。Hの行動や発言、特徴等についてあの頃の僕らが何を調べどうHを捉えていたのかを、メモやチャットアプリのログを元に辿っていこうと思う。

まず〈足を食べる〉という行為について考えた。

何かの身体の一部を単なる栄養摂取と別の意味を持って食べるという風習は、世界各国にある。ここ日本でもそれは一般化されており、現代においても日々全国のそこかしこで行われている。

例えば、魚の目玉やヤツメウナギを食べると目が良くなる。

あるいは、ワカメを食べると髪の毛が生える。

魚の目玉はまさにそのものを指し、ヤツメウナギは文字通り目が八つある魚とされているから〈目に良い〉。ワカメは見た目が豊かな髪の毛のように見えることから〈髪に良い〉。

とはいうものの、これらに医学的根拠はない。迷信に過ぎないのだ。

それでもこういった風習が残るには理由がある。

人は信じたいことを信じたいし、信じることが効果を生む（生んだ気になる）こともある。そのため、せっせと目玉やワカメを食べて調子の回復を願う人が後を絶たない。食品の流通促進にも役立つので文化として根付いた所で困ることもない。

しかしHのケースは足を食べて足が悪くなったと自己申告がなされており、一般的な食の迷信セオリーと逆である。Hはこの一般化された風習とは別の観点から何かの足を食べているようだ。

何なのだろうか、とこれ以上なく眉間に皺を寄せて考えていたとき、仲間の一人が言った。

「食べることで悪いエネルギーを体内、というか足に貯めているんじゃないか。それを続けることで、蓄積したエネルギーを呪術として放出するというか」

「ほう……興味深い」

「なるほど。では〈あし〉についてもう少し掘り下げよう」

あし、と言っても様々なあしがある。

Hは「足に出ている」とはっきり言ったのだから、まず以て植物の〈葦〉は恐らく除外していい。だが言わずもがな、葦を外したとて数多の動物ほとんどに〈足〉がある。

「まさか人間の足を食べちゃいないよね」

「カニバリズムに傾倒していることをマッサージ店でぽんと告白する？　それはないだ

ろう」

では一体、何の足か。

食用に使うもので考えると最も一般的であるのが鶏の足である。

他に考えられるものとして、イカ、タコ、豚、牛の足回りの肉、蟹などなど。

だが、そんな当たり前の食物を対象にしていいのだろうか。

範囲が広すぎて取り付く島もなければ、オカルト的に楽しくもない。

ここで僕らが注目したのが、一般的に日本ではあまり食用と看做されていないが他の国では食卓に上がることがある、兎と蛙の足だった。

「それはあるな！」

「兎と蛙かぁ……うん。分かる」

これら二動物は抜きんでて呪術的かつ象徴的な意味がある。

蛙から説明する。

過去、日本では食用としてウシガエルなどを食べていた時代があり、現在でも東南アジアを始め、中国、南アフリカなどが蛙を食用としている。蛙は基本的に足の部分を食べる。

日本、中国では幸運の象徴であり、特に三本足の蛙は幸運を招くとされている。

後ろ足が一本だけしかない蛙の神が月にいるという〈青蛙神〉の伝説が道教にあり、小説家、岡本綺堂の怪談小説「青蛙堂鬼談」もこの神を題材としている。

また、名が「かえる（帰る、還る、返る）」であることも日本で縁起が良いものとされる由縁だ。〈ぶじかえる〉等の名前で交通安全のキャラクターに使われているのを見たことがある人も多いだろう。

蛙をシンボルとした一人の有名な武将がいる。

オカルト界で〈日本最強の怨霊の一人〉といわれる、平将門公である。

彼の死後、首が京都から飛んで帰ってきたといういわれから、「かえる」に掛け、蛙を将門に供えると御利益があるとされている。現在でも東京大手町の首塚に行けば、数多くの蛙の置物を見ることができる。

さらには、オタマジャクシから蛙に近付くにつれて足が生えてくるという、他の動物には見られない不思議な生態を元に、蛙の足は神秘的な力を持つとも考えられていた。そこから蛙の象徴する意味として「復活」「生命」「豊穣」「再生」があり、現在でも西洋を中心に幸運のチャーム、お守りとして蛙の足をデザインすることが多い。

次に兎である。

日本の狩猟時代において、兎は食用として一般的なものだった。兎肉は今でこそ動物愛護精神などの観点から日本食文化で見かけないものとなったが、ヨーロッパ各地では現在も食されている。フランス料理ではラパン、リエーブルと養殖、天然と区別する言葉があるほどジビエ料理の中でメジャーな食材であり、北米ではスーパーで手に入る地域もあるほど兎肉は一般的なものとされている。

ラビットフットという有名なお守りがある。

名前の通り兎の後ろ足を切り取ったもので、留め具などで携帯できるように施されている。このお守りはアメリカ、イギリス、メキシコなどで人気があり、生命力、豊穣、幸運の象徴として重宝されている。

兎は穴に住んでおり、地底にいる精霊と交流をしているから御利益がある、兎は繁殖力が強いからお守りに適しているなど、ラビットフットはお守りとして使われる由来に様々な説がある。

——魔女とは少し違うんですけれど、呪術師になるための修行をしているんです。

ラビットフットは魔女避けの呪物であるともいわれている。

ヨーロッパで中世以降、魔女裁判、異端審問など魔女排斥の狂乱があった。

魔女文化とは、あくまでキリスト教側から見て一方的に名付けられたもので、本来はキリスト教以前の人々が信仰していた地母神、女神信仰がその内訳に当たる。

悪魔達の頭に角が生え、顔がヤギになっていたり女体だったりするのはキリスト教以前の信仰の名残だといえる。というのも、「魔女」と呼ばれた人々が信仰していたものは様々な動物や女神達で、何を隠そうその動物達の中には兎もいたというのだ。

魔女を恐れる人々は、兎が魔女信仰の対象の一つ「春の女神」と結びつくと考え、転じて兎の足を魔女の足に見立てたのだ。こうして兎の足が魔女を狩り殺した証しと変わり、魔除けができて豊穣と繁栄を手に入れることができる、という一説が成立するのである。

これは部族が敵の遺体の一部や骨等を加工して持ち歩くことで、畏怖されることを狙っているイメージに近いといえる。

〈兎の足〉と〈魔女〉の繋がりの発見は更に僕らに示唆を与えた。

キリスト教、新約聖書では他の宗教に見られるような「化身の信仰」というものが存在しない。福音書の中でイエスがヨルダン川においてヨハネから洗礼を受ける際、神が鳩の姿を取って現れたという場面があるが、例えば稲荷神の象徴として狐を祀るような「化身やお使いの信仰」の概念はキリスト教にはない。あくまで一時的に鳩の姿を採っただけと解釈されているのである。こういった理由で、聖書と無関係な動物を信仰するキリスト教以前の信仰は、殊更に異教、邪教として迫害されることになった。

こうしてキリスト教と無関係な動物——歳を取るとまるで人間であるかのように髭が生えるヤギ、空を飛ぶ小動物の蝙蝠（こうもり）、生まれた姿と全く違う姿へ一種変身する蛙には悪しきイメージが根付いたのである。

蛙。

蛙もまた、魔女にゆかりのある生き物に当たるのだ。

ここ日本では兎が月のイメージとして有名だが、中国では月の模様と蛙の形に類似性を見い出し、蛙を「月の精」と見立てている。先に述べた青蛙神が月にいる理由はここに由縁があるとされている。

魔女には「月」の満ち欠けに合わせた儀式がある。月は「豊穣」「生命」「幸運」などの象徴である。

「取り上げる文化が継ぎ接ぎになったけど、兎と蛙の足は強いぞ」

「Hのケースは新興宗教もあり得る。新興宗教は継ぎ接ぎでできている場合が多い。この線は辿るべきだよ」

現代オカルトはイメージと文化の継ぎ接ぎを読み解くのが醍醐味だ。

兎の足は魔女避けとなる。

ならば、蛙の足も魔女避けの使用に堪え得るのではないか。

それを食べる。

こう展開すると、これら二つの呪物（あるいはどちらか）を用いる呪術師の姿が浮かんでくる。

未知なる力を手に入れるための呪物。

魔女の力をもたらす食べもの。

足。

足を食べる。

魔女の身体の一部を摂取することで神秘の力を体内に取り入れようとするH。

——私はあしをたべているから、それが足に出ているんです。

僕は足を奪われた魔女の恨みを想像した。

力を手に入れようとしても、逆にその恨みが足に負の力を及ぼす可能性がある。

魔女とは違うんですけれど——。

呪術師になるための修行、と彼女の言葉は続いた。

何故最初に「呪術師」と言わず「魔女とは違う」という言葉を発したのか。

魔女という言葉がHにとって、強い意味を持っていた可能性がある。

——父の子を産んでいるんです。

魔女の力を得たい理由が、Hの過去にあるとしたら……。

「……厭な話になってきたねえ」

「ま、妄想とはいえ繋がってきてる」

「結局、食べてるのは兎の足なのか、それとも蛙の足なのかな」

「まあ、そこは断定しないでおこう」

直近で考えなくてはいけないのは、Hが笹川さんに飲食物を差し入れるつもりでいることだ。笹川さんもそのことが我慢できずに僕にHのことを明かしたのだ。

勿論、飲料であれ食品であれ、拒否したほうがいい。

そもそも、オカルト云々を持ち出さなくても、怪しいと感じた人物が差し出した飲食物は摂らないほうがいいに決まっている。

僕は笹川さんに仲間達との見解を告げた上で、〈冷たい食べもの〉を見るなり「アレルギーでダメなんですよ」と言って口にしないことを勧めた。

『ええ。魔女の力ですか……興味深いです。次回来店時はボイスレコーダーを部屋に置いて、会話を録音してみようと思います』

『え。そんなことしていいんですか？』

『ええ……本当はダメですけど……。そもそも、現時点で守秘義務違反です。でも、煙鳥さんからそこまで聞いてしまうとこの先が気になって……』

笹川さんも流石の怪談仲間だ。

——父の子を産んでいるんです。

Hが子を産んだのは十八歳のとき。

年齢　三十五歳。

その子が実在するなら、現在十六か、あるいは十七歳。

5　プレゼント

同月十九日、笹川さんはボイスレコーダーをバッグに仕舞いサロンへ向かった。

開店前にフットバスやアロマの準備をしつつ、何処か具合の良さそうなところへレコーダーを仕込むつもりだった。

だが、馴染みの通りにさしかかりサロンが笹川さんの視界に入ると同時に、店舗の前に立つHの姿を確認することになる。

ボブカットにワンピース、手には紙袋があった。

確かに朝一の予約だったが、随分早い登場だ。

笹川さんは自分が逆に盗聴されているのではないかと、疑念を抱いた。

「おはようございます。先生」

有能な探偵でもあるまいし、この状況でボイスレコーダーを店内に仕掛けるのはどうにも無理そうだ。

また、生臭い。

鍵を開け、Hと開店準備前の店の中に入った。

「折角だから、作ってきたんですよ。ほら。電話で話した例の冷たい食べもの」

Hは待合室のソファにゆっくりと腰掛けると、紙袋から一つの箱を取り出した。

「先生、ほら」

箱の大きさと形状から一目でそれが飲み物ではないと分かった。Hが両手で箱の蓋を真上に向けて引くと、中には直径二十センチくらいのチーズケーキタルトが入っていた。

先がツンと立った生クリームのデコレーションが上部にあしらわれていて、見た目は悪くない。

尤も見た目や味がどうあれこの量を二人で食べるには多すぎるし、チーズケーキタルトは〈冷たいもの〉を代表する食べものではないだろうと、笹川さんは内心で意地悪な批評をした。

大体にして、端から食べる気はないのだ。

「私、アレルギーで乳製品だめなんですよ、でも、夫が好きなので持って帰っていいですか？」

予め概ねを決めていたセリフを言うとＨは事もなげに、

「私はあなたと食べたいからまた違うものを持ってきますね。これは持って帰ります」

と返し、テキパキと箱に蓋をして紙袋に詰め戻した。

笹川さんの目には、Ｈの登場からタルトの退場までもまた、予め準備されていたように映ったという。

この日は真夏日だった。

後に笹川さんは「箱に保冷材の類はなかったようだ」と僕に教えたが、「生クリームの形やタルト生地の見た目の締まり具合は熱にくたびれた様子はなかった」とも述べていた。

この情報は僕らに「Ｈが店の近所に住んでいる可能性がある」という仮説を立てさせた。

定刻になってからHへの施術を開始した。

Hは前回から見られる顔色の悪さに加えて、幾分痩せたような感じもあった。

「旦那さんてサーフィンか何かするんですか？」

「え？」

「随分焼けてらっしゃいますね。それに旦那さん、とっても背が高いんですね」

「ええ。まあ」

笹川さんは己の相槌がうわずってしまうのを抑えられなかった。

何故。

何故、知っているのだ。

夫の身長は一八〇センチ。サーフィンが趣味で、夏のみならず年中そこかしこの海に出るため、いつも黒く日焼けしている。

店に夫の写真等はない。夫の話をHにしたこともない。これまで自分が既婚者であることすら話しておらず、先ほどのケーキを断る際に初めて「夫」という言葉を出したばかりだ。

何故、夫の容姿を知っている。

このサロンを紹介した〈とくのうえしょうじょう〉という輩から聞いたのだろうか。それとも、何処かで私が夫といるのを見たのだろうか。

どうして、知っているんですか？

その質問を投げつけることができれば、疑問は解消する。

だが、その言葉は何か良くない話題が始まるスイッチになるように思える。

Hは笹川さんの動揺を察した様子もなく、言葉を連ねた。

「お子さんはいらっしゃるんですか？」

子供はいない。

それは知らないのか。

ならば、私の何を何処まで知っているのだろう。

「……うちは……まだ」

「ああ。そうなんですね。うちの子供はもういないんですけれどね。でも、いつも一緒にいるんですよ」

そのフレーズの意味は理解できなかったが、仮に意味が分かったとて父との間に生まれた子の話題などできる訳がない。

「カウンセリングがしたいって以前に仰ってましたけど、その……そういったことが関係していえるんですか？」

「そこについて相談するつもりはないんです。私、心を病んでいる訳ではないですし、でも——」

Hはそこで一瞬言葉を切り、改めて笹川さんに目を向けた。

「——私は、あなたみたいになりたい」

やはり、この女は私を狙ってきている。

絶対にそうだ。

「目下、修行が忙しいので、また後日に次の予約の連絡しますね。ああ、そうそう。今度、一緒に御飯でも食べませんか？」

「御飯……ですか。すみません。私も忙しくて……」

「そうですか」

Hはまた笹川さんの拒絶を平然と納得し、帰っていった。

——フランス南部にある都市〈モンペリエ〉の呪術師達は、足の腱を切った人間の太ももから先を担いで運び、儀式の中で食べていた。

これは僕らが見つけた古い文献の中にあった記述である。

ヨーロッパを巡った外国人が遺した紀行文にそれはあった。

呪術師。足を食べる。

〈トリメチルアミン尿症〉という疾患がこの世にあることも分かった。

それは希少な疾患で、摂取した食物を体内で消化分化した際に発生したトリメチルアミンという物質が分解されず、汗や尿、呼気の中に含まれて排出されてしまうというものだった。トリメチルアミンは腐敗した魚のような匂いがするため〈魚臭症〉という別名もある。

僕らの仲間に現役看護師が一人いる。

「その人、身体が生臭いんですよね？　昔、見た目の異常はないのに凄い生臭い人が来院して。検査したら内臓が壊死しちゃってたんですよ」

「壊死。それって本人に痛みや不調はないの？」

「ないらしいですね。だからああやって平気でいたんだと思うんです。身体の中が腐っていて、口とか皮膚から臭いが出てたんです」

そして、笹川さん。

『先日、一人で家にいたときのことなんですが……トイレに行った後、玄関を見たらドアが開いてたんです。もしかして、Hじゃないですよね？　何か、もう最近おかしいんです、色んなことが。Hなんですかね？　Hなんじゃないかって思っちゃうんです。ほんと、おかしいんですよ。何だか。ええ。ええ……。でも、不安なんです。だって、そうでしょう？　おかしいことばかり言ってくるし、何で私のことを知っているんですかね？　ええ……はい。でも、不安なんです』

6　蝉時雨

八月二十四日、夜。

Hから予約の電話があった。

『九月十一日でお願いします』

電話の向こうから、けたたましいセミの声が聞こえた。

『虫の声が凄いですね』

『今、山の中にいるんですよ』

山の中。

セミの声が聞こえたということは、外部の音が遮断される電話ボックスからではなく、携帯電話か窓を開けたまま屋内の固定電話から掛けていたのだろう。

携帯電話の電波が通じるレベル――携帯電話基地局が設置される程度には世間の香りがある山中を僕らは想像した。山の修行場にいたのか、山の別荘に住んでいるのか。

セミは夜になると鳴き止むことが多いが、気温が高いとその限りではない。

このセミの習性を考慮して、僕は一つのデータを作った。

気象庁が日本全国で定点観測した気温のデータを元に、二〇一五年八月二十四日の各地の気温をまとめたのだ。

セミは、摂氏二十四度から二十六度で最も鳴く。

夜のセミの鳴き声は、その場所の気温が二十四度を超えていることの証しとなり得る。

僕らはデータを元にHが電話してきたという場所を絞り込んでいった。

一体、Hは何処で何をしているのか。

僕らは幾つかの候補を挙げた。

7　告白、別れ

八月二十九日。

笹川さんはその日、とあるライブバーで演奏をすることになっていた。

ギターを抱えてバーに到着すると、先にHの姿があった。

Hには自分に音楽の趣味があることも、店の存在も、今日のライブのことも明かしていない。

Hは花束を持ってきていた。

花束を受け取る際に「どうしてここにいるんですか?」と問うと、

「修行が一段落したので……」とHは笑った。

Hの服装はデニムシャツと白いスキニーパンツ。

近付くと耳にピアスを付けていることが分かった。

普段の清楚な雰囲気とまるで違う。

どころか。

『その格好、演奏を観にきていた夫が見間違えるくらい、私にそっくりだったんです。サロンでの制服姿でしか私と会っていないから、普段着なんて見たことがないはずなのに』

——私は、あなたみたいになりたい。

Hのサロン予約日の九月十一日。

来店したHの見た目に、また笹川さんは驚かされることになる。

ボブカットだったHの髪はばっさりと切られ、ほぼ坊主に近くなっていた。

「髪、切ったんですね」

「動きだすための準備です」

何の。何の動きを。

「足の具合はいかがですか」

「気にならなくなりました」

「そうですか……それは良かったです」

「今日の施術は三十分で結構です。その代わり、私の話を聞いてもらえないでしょうか」

笹川さんはその申し出に緊張しつつ、小さく承諾した。

「私があなたのことをたくさん知っているのを、不思議に思ったでしょう」

手短に施術を終え、ハーブティーをテーブルに置くと、Hはズバリそう言った。

「え……。ええ。何でだろうって……」

「不思議に思って当たり前です。視えているんですよ。私には視えているんです」

彼女はいつも通りの超然とした口調でそう言った。

「私には相手のことが視えてしまうんです。だから、色んなことが分かったんです」

自分には常識では理解できない力がある。Hはそう言っていた。

通常なら他愛もない戯言として処理されそうな発言だが、最早笹川さんにはそのように聞こえない。

Hはそのまま、様々な独白をした。

父との子供は死産だった。

妊娠発覚からかなり早いうちに流産した。

「でも、私は産んだんです。それは父の子だから、その子の存在を忘れちゃいけないと思って。父との子だから病院にも行ってないんです。まだ私の子供は七、八センチくらいしかなかったんです。だから、私はそれを喰べた。それで私と子供は一緒になったんです。だから、私の中に子供はいますよ」

——うちの子供はもういないんですけれどね。でも、いつも一緒にいるんですよ。

病院ではなく、何処か違う場所でその小さな子は身体から出てきた。その子の亡骸をH

は食べた。

「それで自分は呪術師になると決めたんです。これから行動するために九州に帰ります。まずは、父です」

行動。

まずは、父です。

Ｈの言うことは常に何処か歯抜けになっていて、その抜け落ちた部分をこちらで想像するしかない。父が存命であるか否かも今知ったし、存在を忘れないために子の亡骸を食べるという行動も理解が及ばない。それに、何故呪術師になろうとしたのかに関する説明が少なすぎる。現実に起きたことはこの上なく不憫（ふびん）に感じるが、起きたことに対する行動が常軌を逸している。

Ｈは髪を切った。

笹川さんはＨが自分の髪を〈呪い〉に使うのではないかと想像した。

今、Ｈが誰かを呪いたいのなら、その対象は父だろう。

どんな事情であれ、今のＨを創ったのは非道な父に違いないのだ。

これからＨがしようとしている行動はきっと、父への復讐に違いない。呪術などと馬鹿げたことを言っている分にはまだ救いがある。しかし、このＨに限っては呪術云々を飛び越して何をどうしようというつもりか分かったものではない。

今、Hは実父を殺すと私に宣言している。

堪えられない局面が突如訪れている。

「手だけは、手だけは汚さないでください」

笹川さんは震える声でそう言った。

Hは「……落ち着いたら、また連絡しますね」と言って微笑んだ。

Hが去ったのち、笹川さんは体調を崩した。

終わったばかりだったはずの生理がまた始まったような感覚があり、その間、まるで経血が排出されたような気に何度も囚われ、都度確認をしたがその痕跡はなかった。確かに微熱があり、気怠い五日間を過ごした。

体調が戻ると、笹川さんはサロンを移転することに決めた。

これまでのあれこれを思うと、店舗とHの関わりを断つ必要を強く感じた。

Hからの連絡はぱたりとなくなった。

僕らはこれでHの物語が終わったのだと思った。

十一月四日。

笹川さんからメッセージが届いた。

『お久しぶりです。今日、非通知で三回電話がありました。Hのような気がします』

十五分置き。

三回の非通知着信履歴。

笹川さんがスマホを傍に置いていなかったために生まれた履歴である。

十二月十六日。

『あれからお変わりないですか』

僕は笹川さんにそうメッセージを送った。

今思うと、ある意味で僕にもHは取り憑いていた。

『こんばんは、御無沙汰しております。週末に煙鳥さんに連絡しようと思っておりました。今月に入ってからおかしなことが続いております。今から外出するので詳しくはまた今度話します。Hは亡くなったかもしれません』

8　終わりの始まり

十二月初旬。

笹川さんはある夢を見た。

鬱蒼とした森の中にいて、周りを見渡すと苔むした地面が広がっていた。

視線の先。笹川さんから少し離れたところにHが立っている。

服装はいつも店で見せていた白いワンピース姿だった。

Hはこちらを向いて笑っていた。晴れ晴れとした表情だった。

笹川さんと視線が合うと、Hはぺこっと頭を下げてから背を向け、森の奥へ歩きだす。

置いていかれる、と笹川さんは思う。

だが、動けない。

置き去りになってしまう。

待って。

待って。

目が覚めると、どっと疲れを感じる。

四日間、全く同じ夢を見続けた。

森。

――今、山の中にいるんですよ。

『その夢を見て以来、自分の身体が生臭く感じる瞬間があるんです』

身体の何処か特定の場所から臭いが立っている訳でもないようで、気になって鼻を身体のそこかしこに近付けると何故か臭わない。もしや蓄膿症にでもなったかと耳鼻科で調べたが、異常はなかった。

幾ら確かめても友人達は「全然臭わない」と言う。

自分だけが臭いを感じているのだ。

『何となくHが死んだ気がするんです。それで、何か私に伝えたいことがあるんじゃないかって。だからあんな夢を見ているんじゃないかって思うんです。あれほど怯えていたのに、今になって情が湧くんですよね。私は一方的に怖がっていましたが、実際Hは私に危害は加えてないんです。話し方とか、内容とか色々怖かったので、精神的被害は十分ありましたが』

父との子を身籠もった女。

死産した我が子を食らって過去を背負った女。

呪術を学ぶため修行の道に入った女。

彼女は九州へ目的を果たすために向かい、笹川さんの見立てに則るなら既にこの世にはいない。

僕らもその頃、Hのことを哀しい運命に翻弄された女として見ていた。

『Hは今私の近くにいる気がするんです。そして何かを私に伝えようとしている気がするんです』

夢と臭いが、Hと笹川さんを繋いでいた。

『Hが本当に〈視える〉力の持ち主なら、多分煙鳥さんの存在も認識していると思うんです。だから私がHのことを煙鳥さんに話すことも全て分かった上でHはこんなことしているんじゃないかって』

そして、僕らも。


十二月三十日、僕は「足を喰べる女」をインターネットの動画サイト「ニコニコ動画」の生放送で初めて語った。

笹川さんは『涙が止まらなくて、ちゃんと聴けませんでした』と僕に感想を伝えた。

涙を流しているのは笹川さんだったのか、それともHだったのか。
僕はそんなことをふと考えてしまった。

年が明け、一カ月程が経った。
『Hが昨晩出てきました。ちょっと仕事でバタバタしているのでまた連絡します』
数日後、話を伺うこととなった。
『今は何だか、すっきりしてます』
一月二十三日、朝目覚めるとあの生臭さが消えていた。
臭いがしだしたのは十二月六日。消えたのが一月二十三日。
数えると四十九日に当たる。

9　夢の続き

臭いが消えた日の翌二十四日、笹川さんの夢にHが出てきた。
また森の中にいて、Hの容姿はボブカットと白いワンピースのパターンだった。

森の中で、Hは木の枝に結えたロープの輪に首を入れようとしていた。

遠くからその光景を見る。声を出そうとするが、全く出ない。

Hは流れるような動きで首を括った。


翌晩、笹川さんはまた夢を見る。

内容は前夜と変わっている。

舞台は笹川さんの行きつけのカフェ。

自分が見知った友人とお喋りをしている姿を少し離れた地点から眺めている。

その友人の髪型は現在のものと違っていたが、一昨年前は確かにこんな長髪だったことを思い出す。さらに、こうして馴染みのカフェでケーキセットを食べながら友人の悩み相談をした日が、事実あったことにも思い至る。

その日、食べたのは……そうそう。これ。チーズケーキ。

チーズケーキのタルト。

「世の中って色々あるけど、平和だよね」

夢の中の自分はそう友達に言い、微笑んでいた。

そうか、色々あっても平和なのか。
もし、父との間に子を授かってしまっても。
そして、その子がどんな目に遭っても。
その哀しい母がその後、どんな人生を辿っても。
世界は平和なのか。
私もそんな風に思ってみたい。
私もこの人みたいになりたい。
チーズケーキを食べて。温かいお茶を飲んで。笑いながら、世界の輝きを肯定したい。
きっとそこには、今と全く違う時間が流れていることでしょう。
あの人の時間は私ときっと違うのでしょう。

「目覚めてから思ったんです。あの夢はHの記憶の断片だったんじゃないかって。きっと、Hはカフェで談笑する私達を見たんです。それで、私になりたいと思ったのだと思います。あのときのケーキの意味がこれで分かります。Hはお喋りをしながら一緒にケーキを食べたかっただけだったのかもしれません。きっとただチーズケーキタルトを食べながら、私とお喋りがしたかったんじゃないかって今は思うんです」

それが後悔です、と笹川さんは言った。


翌夜も、また夢。

学校や公園の映像が、ブツブツと古いフィルムを繋ぎ合わせたように目まぐるしくフラッシュバックしていく。各場面には必ず一人の女の子の姿が映り込んでいる。

女の子は独りでブランコに乗ったり、土遊びをしていた。

この子には遊び相手がいないようだ。

ある場面で、父親らしき男の姿が現れた。

父親らしき人は女の子のスカートをめくり、潜り込む。

女の子は抵抗もせず、ただ父親に身体を弄ばれている。

10　足を喰べる女

最後に見た夢は、森。

Hは長袖と長ズボンを着込んでいた。

木々の中を歩き回るHの姿が寂しげに映る。

Hは俯いたままあちらこちらを彷徨い、何かを探しているようだった。

助けてあげたいが、笹川さんはHの後をついていくことしかできない。

しばらくすると、Hは横たわる死体を発見した。

Hはそれを見つけると、おもむろに遺体の服を獲物の皮を剥くかのように脱がし始める。

そうして裸にするとその場でしゃがみ込み、死体の下半身にかぶりついた。

喰べている。

足を、喰べている。

Hは一心不乱に遺体の足を貪っていた。

腐肉を咀嚼して、ごくっと飲み込む。

Hは腐った黒い液体に口元が濡れるのも構わずに、喉元を震わしていた。

死体の足を喰べ終えると、Hはふっと立ち上がりまたふらふらと彷徨いだした。

また探しに行くつもりだ。

程なくしてまた死体を見つけると、一体目と同様の工程を踏んでからまた足にかぶりついた。

Hが数体の足を食べる様子を見届けたところで目が覚めた。

僕らは笹川さんからこの夢の報告を受ける前から、Ｈが赴いた〈山〉の場所についてある仮説を立てていた。

Ｈからセミの声が混じった電話があったのは二〇一五年の八月二十四日。

この日セミが夜に鳴くほどに気温が高く、かつ携帯電話が通じる地点で、都心から比較的便のいい場所を僕らは調べ、そして候補を絞った。

その中に富士の樹海があった。

富士の樹海は〈自殺の名所〉として有名である。

「自殺者志願者は樹海の奥には入らない、死体の発見は遊歩道からあまり外れていないところで多い」とは有識者の意見だ。即ち、遊歩道を外れればすぐに死体を見つけることができる。

富士の樹海は恐らく日本で最も死体が転がっている森だといえる。

足を食べるモンペリエの呪術師や身体から臭気を発するトリメチルアミン尿症に行き着いたとき、僕らはまだオカルト好きの戯れの範疇（はんちゅう）としてその言葉を楽しんでいた。現代社会に生きる人が簡単に人間の身体を食べることなどできないはずだ。仮にまぐれで一度それを果たしても、継続してやろうとする間に逮捕されてしまう。僕らはそう考えていたから、そもそも笹川さんに警察への相談を勧めなかったのだ。

だが、仮説と夢を組み合わせると、どうにも実際にそれ——呪術師の修行のために富士の樹海に入り、自殺者の死体を貪り回るHの姿が現実味を帯びてしまう。

『最後にHの夢を見てしばらく経ってからのことなんですが、仕事で初対面の方と一緒になったときに、『九州出身の方ですか？』と突然言われたんです。私は勿論九州の出身じゃないですし、訛りなんかもないんです。でも、何故か突然そう言われて。気になったんですけど、そのまま会話が終わってしまって』

Hの夢が収まり、無事サロンの移転が済むと笹川さんの日常に平穏が戻った。

誰もがそう思えたそのときから、話は二年後に飛ぶ。

11　非通知着信

彼女の元に一本の電話があった。

鳴った電話は、旧サロン用携帯。

回線は生かしていたが、もうほとんど鳴ることのない携帯だった。

非通知着信。

「もしもし」

「あの、お伺いしたいことがありまして」

聞き覚えのない声の女性からだった。

「姉を、姉を探しています」

「お姉さん？　どなたですか？　私、笹川と申しますが、間違い電話ではありませんか？」

「姉の携帯の発信履歴にそちら様の電話番号が幾つもあったので、姉と親交が深い方なのかなと思いまして」

笹川さんはまだ要領を得なかった。

「申し訳ありません、ちょっと今あまり時間がなく、また後で掛け直していただけますか」

「はい。忙しいところ申し訳ありません……」

女性はかぼそい声でそう言い、通話は終わった。

その日、非通知の女から電話が再び掛かることはなかった。


僕の体験談を記す。

「足を喰べる女」を配信で語った翌日からのことだ。

僕の携帯に非通知の着信履歴がほぼ毎日残るようになった。

僕は誰かが「足を喰べる女」の内容に因んだ悪戯をしているのだろうと思い、ネット上でこの非通知着信のことを一切秘密にしていた。反応しても相手が喜ぶだけなのは目に見えている。

僕の電話番号を知るオカルト仲間も何人かはいる。近い友人の中には配信をチェックしている者もいる。悪戯を仕掛けてきているのはきっと、その中の誰かなのだろうと僕は思っていた。

非通知着信は僕の無反応にもめげずにいつまでも続いた。

僕は仕事中に私用携帯を身近に置くことはほとんどないため、受話できるタイミングがとても少なく、この非通知の履歴ばかりが積もっていた。

そんな中のある日、ようやく電話を取ることができた。

『はい』

『…………』

『もしもし。誰ですか。何ですか。何の用ですか』

『…………』

『迷惑なので切りますよ！』

あれだけ着信を残しつつも結局は無言電話となり、悪戯にも程があると僕は思った。いかにも迷惑そうに返答したのは、僕の声音から知人が改心することを期待してのことだった。しかし、相手は頻度を変えることなくまだ非通知の着信を入れ続けた。

またある日、再び電話を取ることができた。僕はすぐさま、『H（※僕が聞き取ったHの名。Hの姓名は現在に至るまで誰にも明かしていない）さんですか？』と言った。するとすぐさま、電話は切れた。

二〇一九年のことだ。

12　妹

二〇二〇年九月十一日。

久しぶりに笹川さんと連絡を取った。

『あら、煙鳥さん。お久しぶりです。こちらは子供が生まれて忙しい日々を送っています』

『ああ。そうですか。何となく声が聞きたくなって電話をしちゃいましたよ。お元気そうで何よりです』

『ええ。元気です。それはそうと、あれからしばらくして、また電話があったんですよ』

『え？　電話ってあの……非通知の……？』

『はい。非通知の』

二〇一八年十月初旬のことだという。

『ほせきさんのお電話で間違いありませんか？』

かぼそい女の声だった。

『いえ、ほづみです。保積』

笹川さんはサロンと婚前からの知人の前でのみ旧姓の〈笹川〉を名乗っていて、戸籍上の実名は保積という。度々、実名を読み間違える者が現れるので、もうこのやりとりには慣れている。

『以前に電話した者です』

以前以前以前……と脳裏で数ある用件を巡らせた。

非通知着信と以前。

あれか。

『Hさんの妹さんですか？』

『…………いえ、○○（※この苗字もイニシャルはHだったが違うものだった）です』

『でも、その苗字を名乗ったのは姉だと思います。あの……あの日、掛け直さないままでして。申し訳ありません』

『いえ、それは構わないのですが。お姉さんに何かあったのですか？』

『父に続いて、最近母も死んでしまって、私は近くに身寄りがいなくなってしまったんです。それで、居所が分からなくなった姉を探しているんです』

Hの妹を名乗る女性はそこまで言うと、詳細に身の上を話してくれた。

Hの両親はHが小学生、妹が幼稚園のときに離婚し、Hは父に、妹は母に引き取られた。

母は死ぬまで口癖のように「絶対にHと父には関わるな」と言っていた。そのせいで妹は父、H自身のことをほとんど知らないまま今に至っている。

そして二〇一六年に父の訃報を受けた。

父の死後、様々な事後処理をする必要が生じたもののHは行方不明。

死後なお父を嫌悪する母に代わって、妹が九州にある父の家へ向かうこととなった。

そして、妹は到着した父の家で一つの小さな段ボール箱を見つけることになる。

中には恐らくは姉の物と思しき衣類が詰められており、更に一冊のノートが入っていた。

読んでみるとノートは日記帳のようなもので、姉と一人の女友達との交友録が楽しげに綴られていた。御丁寧にその友人の連絡先も書かれており、さらには友人を捉えた一枚のポートレートまでもが挟まっている。

親交が深かったこの女性ならば姉の現在を知っているかもしれない。

そう思った妹は早速日記帳に書かれた電話番号をプッシュした。

そして、妹が知った姉――Hの〈友人〉こそが笹川さんだった訳である。

Hに写真を撮られた記憶はないが、妹が写真の女性の服装や顔立ち、ヘアスタイルなどを説明すると、いかにも自分に該当する。

『あの……妹さん、私のことを保積と呼んでましたが、もしかして日記にその名前がありました？』

『はい。そう書かれていました。読み間違えてしまいましたが』

日記帳に〈保積〉と書かれていたなら、Hは笹川さんの実名を知っていたことになる。

その日記帳以外に姉についての手掛かりは全くなかった。

『あの……その後ですね。ごめんなさい。上手く話せなくて。保積さんに電話をした後、私は当時妊娠していたのですが――流産してしまったんです。更に母がその後亡くなってしまいまして。それで気持ちが落ち着くまで保積さんに電話を掛け直せなくなっちゃって』

笹川さんは妹の言葉の一言一句に胸を掻きむしった。

誰一人幸せになっていない。

これでは、あまりに寂しすぎる。

『何でも構わないです、何か、何か姉について知っていることはありませんか。私は一人ぼっちになってしまったんです』

『日記にどう書かれていたのか知りませんが、実際は私が経営しているマッサージサロンにお客さんとして来て……少し……少しだけお話をしたくらいなんですよ。すみません。お役に立てなくて』

妹には何も言えない。

何一つ、伝えられる訳がない。

伝えないことで、また不幸が生まれることを避けることができる。

『そうですか……あの……また姉のことで何かあったら、連絡してもよろしいでしょうか？』

『勿論、構いませんよ。ええ。勿論』

廊下への扉の状況（体験者提供）

白いシャツを使用して再現した状況（体験者提供）

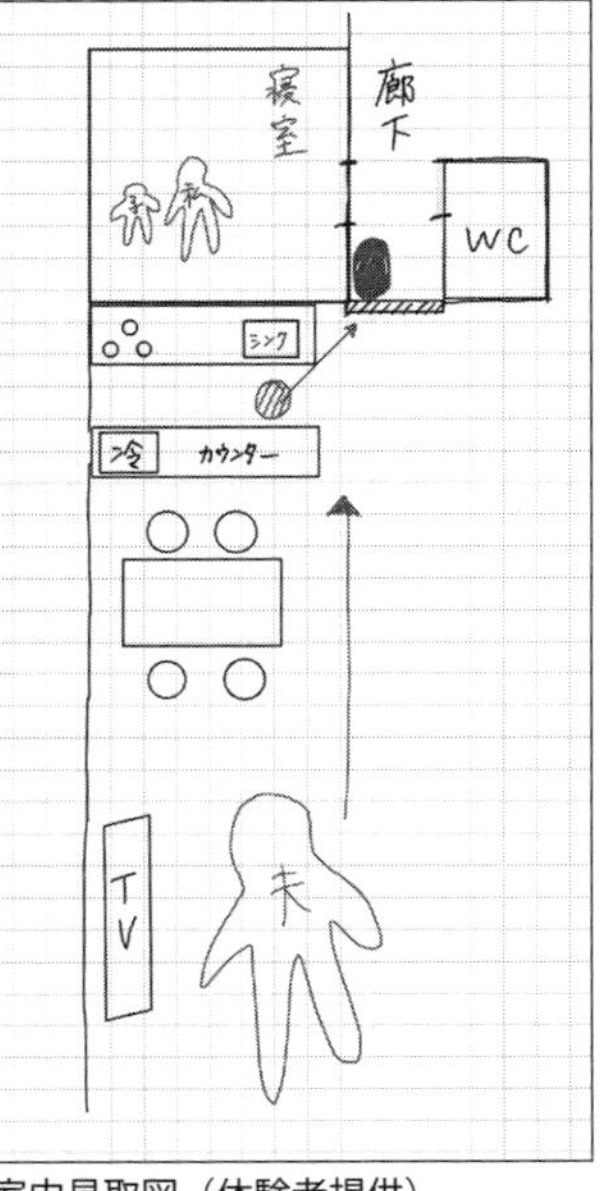

室内見取図（体験者提供）

14 笹川さん

二〇一七年に転職をしたんです。その二年後に妊娠しまして。前のアパートだと手狭になりそうだったんで、今のマンションに引っ越したんです。

引っ越してすぐ、トイレにウォシュレット機能付きの便座を取り付けたんです。センサーが付いていて自動で水が流れるんですよ。

そしたら、誰もいないときにトイレの水が流れるようになっちゃって。

静かな夜には、誰かが座ったことを感知するカチッという作動音も聞こえます。一日に何度も水が流れることもあります。

夫がとっても暑がりなんです。

暑い日はすぐ冷房を入れたがるんですが、私とまだ小さな息子からするとそれが肌に冷たくて。結局は私と息子が夫と寝る部屋を別にすることになったんですね。

夫はリビングで寝るんです。

その日は、私達が寝室へ行ってから一人でテレビを観ていたそうです。

そうしていると、キッチンに誰か立っている気配を感じたそうなんです。

私が立っているのだろうと思って、横目で視線を向けると背が高い影が一つ。

私よりもずっと背が高い影が立っていたのだそうです。

夫はそれからというもの、時折その影を家の中で見ているようでして。

どういう訳か、夫婦喧嘩をした後によく現れるそうです。

もしその影がHなら、夫を懲らしめるために出てきているんでしょうかね。

だって夫は、いつも私がHの話をすると怖がっていましたから。

私もキッチンに立っているときに見たことがあるんです。

影じゃありませんでした。

白い服の人です。

夕食の支度をしていると、廊下へと続くガラス戸の向こうに白い服を着た人が立っているのが、視界の端にあるんです。

目を向けると消えちゃいます、でも、視線を外すとまたチラチラと……。

まるで私に気付かれないようにしながら、こちらの様子を窺っているようなんです。

ああ。ガラス戸の向こうにトイレがありますね。

息子も感じているみたいです。

押し入れとか天井に手を振ってますね。バイバイって。電車やバスなんかにもよくやるんですけど、基本は動いているものに手を振ってますね。だから、何も動いていないのに手を振っているのを見ると……そう思っちゃいますよね。

息子は怯えている様子もありません。その……Hかもしれないそれには邪気はないってことですかね。トイレにお辞儀をすることもありますが、それは戯れのようなものでしょうか。私からはそうは見えないのですが。

妊娠中の苦労は特になかったです。楽なもんでしたよ。

これ、私の直感なんですけど。

Hの子、女の子だった気がするんです。

なぜだか分からないけど、そんな気がするんです。

二〇一九年はHが再び姿を現した年であり、僕の元に無数の非通知着信があった年でもあった。

笹川さんからHに関する最後の聞き取りをしたのは二〇二〇年九月十一日だった。

通話を終えると、すぐに笹川さんからメッセージが届いた。

『ちょっと、今カレンダーを見てぞっとしちゃったんですが』

笹川さんが使用しているカレンダーには中国由来の占いが載っている。

聞き取りをした当日の欄にはこう書いてあった。

〈培った人脈を巡り、信頼の取引成功す　遠方の東北を訪ね見よ　親縁を結ぶ日〉

培った人脈を巡る。

信頼の取引。

遠方の東北。

親縁を結ぶ。

オカルト仲間の笹川さんと怪談ジャンキーの僕ら、そしてH。

長らく東北で暮らしている僕。

こうしてまとまった「足を喰べる女」。

全ては予め決められていた道だったのだろうか。

——私は、関わった人たちが視えてしまうんです。

笹川さんの家にはまだHの気配があり、何事かが今もよく起きているという。

何もかも、呪術師Hの導きのままなのかもしれない。

15　エピローグ

この「足を喰らう女」は煙鳥自身が記したテキストに私、高田公太が加筆修正を施したものである。

培った人脈を巡る。

信頼の取引。

私と煙鳥君は互いの存在を認識し合ってから、もう十五年以上になる。

遠方の東北。

私は青森に住んでいる。

親縁を結ぶ。

今、Ｈの物語はあなた方の手元にある。

何もかも、呪術師Ｈの導きのままなのかもしれない。

あとがき

多くの怪談マニアは「実話怪談は体験者本人から直接に体験談を取材すべき」との意見だろう。中には「体験者本人へ直接取材しなければ実話怪談にあらず」という強硬派までいる。だが、果たしてそうだろうか。客観的証拠がない不思議体験談が人から人へ伝達される行為はかなり複雑玄妙だ。「怪談」とはその内容の事実性ではなく、不思議な話が人から人へ伝達される行為自体にこそある。だから一次情報（体験者本人への直接取材）が持つ情報精度の高さもいいのだが、それは絶対必要な最重要課題ではない。人から人へ伝わる過程での伝達ミスや改変もまた、怪談の魅力の別側面なのである。怪談とは一体、誰の話を誰が誰に語るのか――？　『煙鳥怪奇録』収録の吉田パートは、体験者Xが煙鳥君に語った話を煙鳥君が私に語った話を私が皆さんに語る話だ。しかもその話の内部でも、体験者X以外の人の体験談や夢や録音など、また別の位相の語りが組み込まれているから複雑だ。第三弾となる本作の吉田パートでは、そんな語りの位相を各話ごとにほんの少しズラす試みをしている。再読の際にはそのあたりに注目してもらってもいいかもしれない。

吉田悠軌

濃く、濃く、濃く

「煙鳥怪奇録」シリーズの制作をしている中で、時々煙鳥君から怪談聞き取りの裏話を明かされることがある。「これは書けない話なんですが」と、普段はほとんど無駄話に類するメッセージを送ってこない彼が数多のメッセージを残していくのである。

「公にできない話を聞かされても、書けないのであれば意味がないのではないか」と当初は思ったものだが、結局は彼の息遣いや怪異の裏側に潜む何かが筆に込められる。そして、決して明かされない真実が文字と文字の間、行と行の間に幾つも散りばめられていくこととなる。

実話怪談とはまさしくこのようなものなのだ。

三冊目となった本シリーズだが、冊数を重ねるごとに濃さが増しているように思える。

もしまだシリーズが続いたならば、この先どうなってしまうのだろうと恐怖すら覚えてしまう。我々は一体何をしているのだろう。

しかし、実話怪談とはまさしくこのようなものなのである。

高田公太

★読者アンケートのお願い

本書のご感想をお寄せください。アンケートをお寄せいただきました方から抽選で 10 名様に図書カードを差し上げます。
（締切：2023 年 5 月 31 日まで）

応募フォームはこちら

煙鳥怪奇録 足を喰らう女

2023 年 5 月 5 日　初版第一刷発行

編著・怪談提供・監修……煙鳥
著者……高田公太、吉田悠軌
監修補佐……高田公太
装画……綿貫芳子
カバーデザイン……橋元浩明（sowhat.Inc）

発行人……後藤明信
発行所……株式会社　竹書房
〒 102-0075　東京都千代田区三番町 8-1　三番町東急ビル 6F
email: info@takeshobo.co.jp
http://www.takeshobo.co.jp
印刷・製本……中央精版印刷株式会社